W0226690

BLV-Bestimmungsbuch

Schmetterlinge

Michael Lohmann

BLV-Bestimmungsbuch
Schmetterlinge

Genehmigte Lizenzausgabe für
Verlagsgruppe Weltbild GmbH,
Steinerne Furt, 86167 Augsburg

Bestimmungsplan/
Idee, Konzeption und
Ausführung: Wilhelm Eisenreich
Grafiken: Folke Lindenblatt
Lektorat: Dr. Friedrich Kögel
Herstellung: Ernst Großkopf
Umschlaggestaltung:
Atelier Lehmacher, Friedberg (Bay.)
Umschlagmotiv: Atelier
Lehmacher, Friedberg (Bay.)
Gesamtherstellung:
aprinta Druck GmbH & Co. KG,
Senefelderstraße 3–11,
86650 Wemding

Printed in Germany

ISBN 3-8289-1697-x

2007 2006 2005 2004
Die letzte Jahreszahl gibt
die aktuelle Lizenzausgabe an.

Einkaufen im Internet:
www.weltbild.de

Bildnachweis

Eisenreich: 11, 15 Mr, 15 ur, 16, 18, 19, 20, 35 ul, 35 ur, 45 o, 45 M, 59 ul, 61 ul, 61 ur, 63 ul, 71 ul, 71 ur, 73 o, 83 u, 95 o, 109 ur, 119 o, 119 ul, 119 ur, 123 ul, 133 o, 141 o, 141 M, 141 ur, 145 ur, 153 o, 167 o, 171 ur, 189 o, 189 u
Hinz: 41 o, 43 u, 51 ul, 55 Mr, 61 o, 63 ur, 69 M, 73 M, 75 o, 77 u, 87 o, 91 M, 99 Mr, 145 o, 157 ol
Lohmann: 23
Löhr: 121 ur
Marktanner: 15 o, 39 ur, 49 o, 59 ur, 61 M, 63 M, 65 u, 69 o, 71 or, 75 ur, 81 o, 83 o, 85 o, 89 o, 89 u, 97 o, 99 o, 99 Ml, 101 o, 101 u, 103 o, 109 ul, 113 o, 115 o, 117 o, 117 u, 121 o, 123 o, 127 o, 131 o, 135 o, 151 u, 153 M, 155 o, 161 u, 165 o, 169 u, 171 o, 175 o, 177 o, 179 M, 179 u, 181 M, 181 u, 185 o, 185 M
Pfletschinger/Angermayer: 39 ul, 41 ur, 43 M, 45 ur, 49 ul, 49 ur, 53 ur, 55 o, 55 ur, 67 ul, 69 ul, 71 ol, 73 u, 77 o, 91 o, 91 u, 109 ur, 111 o, 111 M, 113 M, 137 o, 139 o, 141 ul, 147 u, 149 ur, 151 o, 151 M, 153 u, 155 M, 157 M, 163 u
Pforr: 25, 26, 33 ur, 37 Mr, 67 M, 69 ur, 95 u, 97 u, 99 ul, 99 ur, 107, 113 u, 121 ul, 125 o, 125 M, 129 o, 129 u, 143 u, 155 u, 159 or, 161 o, 165 ul, 165 ur, 171 ul, 177 u, 183 u, 187 o
Reinhard: 28
Ruckstuhl: 2/3, 5, 33 ul, 37 u, 47 u, 51 o, 51 ur, 53 o, 53 M, 53 ul, 59 M, 67 ur, 71 Ml, 71 Mr, 79 u, 87 u, 93 o, 93 M, 93 u, 103 u, 115 ul, 123 ur, 131 u, 137 u, 157 ur, 159 u, 169 o, 173 o, 173 u, 185 u
Schmidt: 75 ul, 77 M, 115 ur, 167 u
Weidemann: 15 Ml, 33 o, 37 Ml, 39 o, 41 M, 41 ul, 43 o, 45 ul, 47 o, 49 Ml, 55 ul, 57 o, 57 u, 79 o, 109 o, 127 u, 133 u, 135 u, 139 u, 143 or, 145 ul, 147 o, 149 o, 149 ul, 157 or, 157 ul, 175 u, 187 M, 187 u
Willner: 35 o, 37 o, 49 Mr, 55 Ml, 57 M, 59 o, 63 o, 65 o, 67 o, 81 u, 85 u, 97 M, 105 o, 105 ul, 107 ul, 107 ur, 111 u, 121 M, 125 u, 143 ol, 147 M, 159 ol, 163 o, 179 o, 181 o, 183 o

Inhalt

Hinweise zur Benutzung

Schmetterlinge gehören neben Blumen und Vögeln wohl zu den beliebtesten Gruppen. Und was man liebt, kennt man auch (und umgekehrt). Zumindest sind Schmetterlinge im allgemeinen besser bekannt, als die unansehnlichen Pflanzen und Tiere, die Moose und Gräser, die Würmer, Spinnen, Fliegen und dergleichen.

Abgesehen von den flügellosen Weibchen einiger weniger Arten und den ebenfalls nicht zahlreichen Glasflüglern, deren schuppenlose Flügel an Hautflügler erinnern, fällt es im allgemeinen nicht schwer, einen Schmetterling als solchen zu erkennen. Verwechslungsmöglichkeiten gibt es bei einigen kleinen Nachtfaltern, die Ähnlichkeit mit Köcherfliegen haben.

Charakteristisch für die Falter sind zwei Paar ziemlich gleichgroße Flügel, die wie der Körper dicht mit Schuppen bedeckt sind. Ein weiteres gutes Kennzeichen ist der lange, in Ruhestellung aufgerollte Rüssel. Schwieriger ist es, Schmetterlingsraupen von den Larven anderer Insektengruppen zu unterscheiden. Vor allem Blattwespenlarven sehen Schmetterlingsraupen sehr ähnlich. Unterscheidungsmerkmal: Falterraupen tragen an den drei Brustsegmenten je ein Paar gegliederte Beine die vor allem dem Festhalten der Nahrung dienen. Am hinteren Ende (an den Segmenten 6–9 und 13) besitzen sie je zwei ungegliederte, »unechte« Bauchbeine (Spannerraupen weniger), mit denen sie sich festhalten (s. rechts). Bei manchen Arten (z. B. Gabelschwanz) ist das letzte Bauchbeinpaar zu langen Schwänzen umgewandelt (S. 120/121). Blattwespenlarven haben stets mehr als 5 Paar Bauchbeine.

Viele Falter (und etliche Raupen) sind so charakteristisch, auffällig

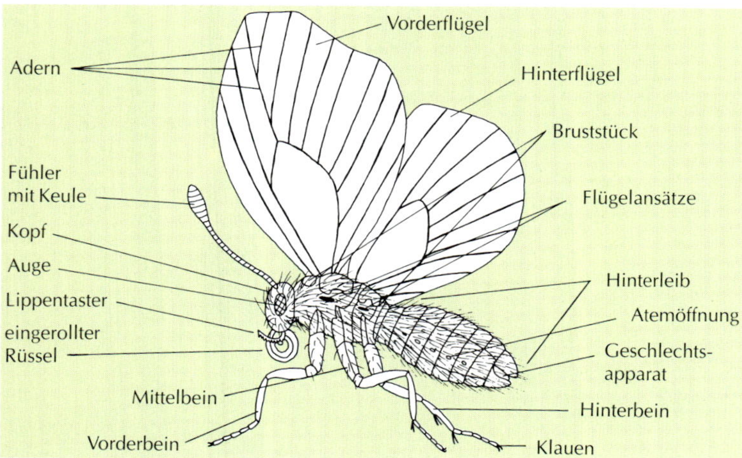

Bauplan der Schmetterlinge mit Bezeichnung der wichtigsten Körperteile.

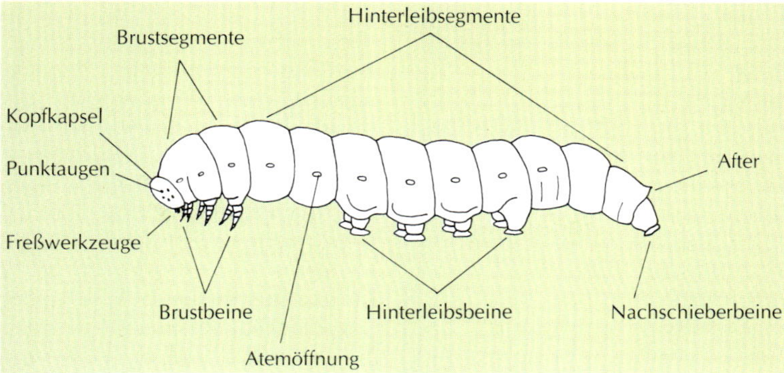

Bauplan der Schmetterlingsraupe oder -larve mit Bezeichnung der Körperteile.

bunt und schön gezeichnet, daß auch der Laie keine Schwierigkeiten hat, sie zu erkennen. Mehr als höchstens ein Dutzend Arten wissen freilich auch Naturfreunde meist nicht zu benennen. (Leider bekommt man heutzutage von den stattlicheren Arten auch nicht viel mehr zu Gesicht.) Da aber selbst in Stadtwohnungen immer wieder einmal erstaunlich schöne Falter, vom Licht angezogen, zu Besuch kommen, oder Unbekannte sich im Garten auf der Buddleja einfinden, erscheint ein Bestimmungsbuch für die häufigeren und auffallenderen Arten – zumal mit einem Übersichtsplan – eine sinnvolle Veröffentlichung.

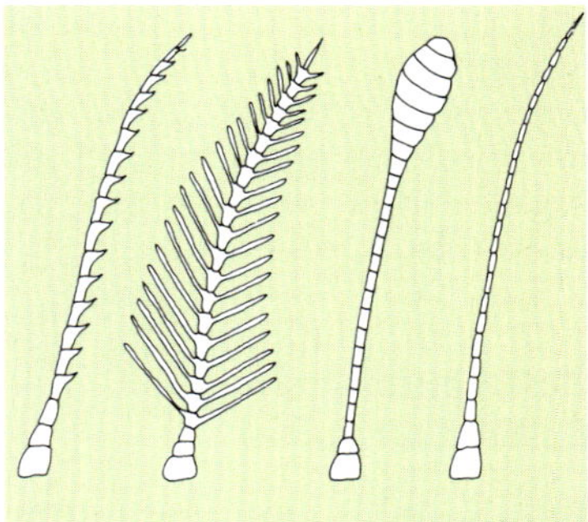

Die Fühler sind oft charakteristisch geformt; starke Fiederung weist auf ein feines Geruchsvermögen hin.

Auswahl, Reihenfolge und Beschreibungen der Arten

Die Auswahl von rund 100 Arten in diesem Buch macht nur einen kleinen Teil der heimischen Schmetterlingsfauna aus. Es handelt sich dabei um alle besonders auffälligen und um besonders häufig zu beobachtenden Arten.

Die Reihenfolge der beschriebenen Arten orientiert sich an der modernen Systematik, mit der die Schmetterlinge entsprechend ihrem Evolutionsstand und ihrer Verwandtschaft geordnet sind. Im einzelnen folgen die Beschreibungen einem einheitlichen Schema:

Merkmale: Größe, Aussehen, ähnliche Arten;

Verbreitung/Lebensraum: Verbreitung in (Mittel-)Europa, Fluggebiet der Falter;

Flugzeit/Lebensweise: Zahl der Generationen pro Jahr, Flugzeit(en), Nahrung der Falter, Balz, Eiablage, sonstige Verhaltensweisen;

Raupe: Aussehen, Nahrung, Lebensraum; Aussehen und Ruhedauer der Puppe;
Sonstiges.

Der Gefährdungsgrad (Rote-Liste-Status in Deutschland) einer Art wird in der ersten Kopfzeile angegeben; dabei bedeutet:
RL 1 = vom Aussterben bedroht;
RL 2 = stark gefährdet;
RL 3 = gefährdet;
RL 4 = potentiell gefährdet.

Ebenso wird bei jeder Art mit dem Kürzel »gesch.« angezeigt, wenn sie nach der Bundesartenschutzverordnung zu den besonders geschützten Arten zählt.

Die wissenschaftlichen Namen werden immer wieder geändert; bei den Tagfaltern folgen wir der Nomenklatur von Blab/Kudrna (1982).

Zur Benutzung des Bestimmungsplans

Das Neue an unserem Bestimmungsbuch ist der in der hinteren Umschlagtasche steckende Faltplan. Mit ihm ist es möglich, auf einen Blick ähnliche Arten zu erkennen und von unähnlichen zu trennen – denn nach diesem Ordnungsprinzip der Ähnlichkeit sind dort Falter, Raupen und Puppen der im Text behandelten Arten gruppiert.

Nützlich für die Unterscheidung von Faltern und Raupen ist die Kenntnis einiger Fachausdrücke; Sie sollten sich darum zunächst auf Seite 6/7 mit diesen Grundlagen vertraut machen. Obwohl der Bestimmungsplan diese Fachausdrüke nicht voraussetzt, tun Sie sich mit der Benutzung leichter, wenn Sie eine Vorstellung von den Grundmustern eines Schmetterlingsflügels haben und die wichtigsten anatomischen Bezeichnungen für Falter und Raupe kennen.

Bei manchen Faltern (z. B. den Bläulingen) ist die Flügelunterseite auffällig gezeichnet und zur Artbestimmung wichtig. In solchen Fällen haben wir in der Regel eine Ansicht von oben und unten gebracht. Auch wo sich Männchen und Weibchen deutlich unterscheiden, werden Sie beide im Buch und auf dem Plan abgebildet finden. Raupen und Puppen haben wir dann abgebildet, wenn sie auffällig sind.

Der Bestimmungsplan am Schluß des Buches stellt eine Art visuelles Stichwortverzeichnis dar. In vielen Fällen werden Sie den gesuchten Falter, die fragliche Raupe in der nach Ähnlichkeiten gruppierten Übersicht sofort entdecken. In anderen Fällen werden Sie aber auch verschiedene ähnliche Formen unter den in Frage kommenden Artbeschreibungen nachschlagen und mit den größeren Fotos dort und dem Text vergleichen müssen. Bei sehr ähnlichen Arten haben wir nur eine davon im Buch und auf dem Plan abgebildet und verweisen dann auf die anderen Arten im Text, sofern deren Zahl noch überschaubar ist.

Falter, Raupen, Puppen

Zur Systematik der Schmetterlinge

Die Gruppe der Schmetterlinge (Lepidoptera) ist mit über 160 000 bekannten, vor allem tropischen Arten eine der größten Ordnungen der Insekten. In Mitteleuropa ist die Artenzahl mit rund 1420 Großschmetterlingen und fast 2000 Kleinschmetterlingen vergleichsweise gering, macht aber doch einen erheblichen Anteil am heimischen Artenbestand aus, was auch auf die große ökologische Bedeutung dieser Gruppe hinweist. In den alten Ländern der Bundesrepublik Deutschland wurden 200 Arten von Tagfaltern und Widderchen festgestellt.

Früher hat man die Schmetterlinge nach ihrer Größe und nach der Fußsohlenausbildung ihrer Raupen in zwei Gruppen unterteilt: in die Groß- und Kleinschmetterlinge. Die Großschmetterlinge gliederte man in Tag- und Nachtfalter. Die moderne biologische Systematik ist bemüht, eine die Entwicklung der Arten (Evolution) nachvollziehende Gliederung vorzunehmen. Darum gruppiert man die große Ordnung der Schmetterlinge heute nach anatomischen (stammesgeschichtlichen) Merkmalen in mehrere Unterordnungen, Überfamilien und Familien etwa nach folgendem Schema (ein allgemein anerkanntes System gibt es noch nicht):

1. Pollenfressende Falter mit noch kauendem Oberkiefer (Urmotten/Micropterygidae);
2. Bohrend-saugende Falter mit reduzierten, funktionslosem Oberkiefer und erst andeutungsweise entwickeltem Saugrüssel (Wurzelbohrer/Hepialidae);
3. Saugende Falter mit typischem, teilweise sehr langem, aufgerollten Saugrüssel (Heteroneura).

Zur letzten Gruppe (die von manchen Taxonomen in weitere Großgruppen unterteilt wird) gehören die Menge aller Schmetterlinge, deren Arten in zahlreichen Familien zusammengefaßt sind. Wir nennen nur einige der für Mitteleuropa wichtigsten (in Klammern ungefähre Zahl der Arten in Mitteleuropa):

Tagfalter

Ritterfalter (Papilionidae; 6): S. 32–37
Weißlinge (Pieridae; 25): S. 38–49
Edelfalter (Nymphalidae; 35): S. 50–79
Bräunlinge (Augenfalter; Satyridae; 35): S. 80–93
Bläulinge (Feuerfalter, Zipfelfalter; Lycaenidae; über 50): S. 94–99
Dickkopffalter (Hesperiidae; 25): S. 100–103

Nachtfalter

Trägspinner (Lymantriidae; 25): S. 104–111
Bärenspinner (Arctiidae; 60): S. 112–117
Zahnspinner (Notodontidae; 35): S. 118–121
Widderchen (Zygaenidae; über 30, meist tagfliegend): S. 122/123
Schwärmer (Sphingidae; 25–30): S. 124–145
Augenspinner (Pfauenspinner, Nachtpfauenaugen; Saturniidae; 6): S. 146–149

Glucken (Wollraupenspinner; Lasiocampidae; 20): S. 150–157
Prozessionsspinner (Thaumetopoeidae; wenige Arten): S. 158/159
Sichelspinner, Sichelflügler (Drepanidae; 7): 160/161
Glasflügler (Sesiidae; 60)
Eulenfalter (Noctuidae; über 500): S. 162–175
Spanner (Geometridae; 400): S. 176–187

Kleinschmetterlinge
Zünsler (Pyralidae; 300): S. 188/189
Federmotten (Pterophoridae; 50): S. 188/189
Gespinstmotten (Yponomeutidae; einige 100)
Wickler (Tortricidae; 500)
Miniersackmotten (Incurvariidae; knapp 100)
Urmotten (Adelidae; 11)

Kennzeichen der wichtigsten Gruppen

Die Familie der Ritterfalter (Papilionidae) ist bei uns zwar nur mit 6 Arten vertreten – es sind aber besonders prächtige Falter: Schwalbenschwanz, Segelfalter (S. 32–35) und die Apollo-Arten (S. 36/37). Die Raupen dieser Gruppe besitzen eine der Abschreckung dienende, ausstülpbare Nackengabel; sie ist beim Schwalbenschwanz leuchtend rot. Die Apollo-Raupen verpuppen sich in feinem Gespinst am Boden, die anderen als Gürtelpuppen. Die meisten Menschen werden nur den Schwalbenschwanz kennen, da die anderen Arten in Mitteleuropa sehr selten (geworden) sind. Sie stehen unter Naturschutz.
Etwas stattlicher ist die Zahl der Weißlinge (Pieridae, S. 38–49), die man auch Gelblinge nennen kann, da viele Gelb tragen. Der beliebteste ist (als erster Frühlingsbote) der Zitronenfalter (S. 44/45). In weniger hohem Ansehen stehen die Kohlweißlinge (S. 40/43), die als einzige Tagfalter wirtschaftliche Bedeutung (als »Schädlinge«) haben. Verpuppung allgemein als Gürtelpuppe.
Mit etwa 35 Arten in Mitteleuropa gehört die Gruppe der Edelfalter (Nymphalidae, S. 50–79) zu den artenreichsten Tagfalterfamilien. Die meisten Arten sind auffällig gefärbt und daher gut bekannt, sofern sie häufiger sind: Kaisermantel, Kleiner Fuchs, Admiral, Trauermantel, Tagpfauenauge, Landkärtchen. Die Perlmutterfalter (S. 74/75) tragen silberne Flecke auf der Flügelunterseite, die Eisvögel (S. 50–53) sind unterseits sehr bunt, die Schillerfalter (S. 54–57) schillern oberseits in tiefem Blauviolett. Etliche Arten gehören bei uns zu den Wanderfaltern (s. S. 20). Die Vorderbeine sind zu Putzpfoten reduziert – beim Männchen stärker als beim Weibchen, was oft das einzige Unterscheidungsmerkmal der Geschlechter ist. Die Fühler sind am Ende keulenförmig verdickt. Die Raupen und Stürzpuppen der Edelfalter tragen Dornen, Ecken oder Kanten, die Puppen sind oft metallisch gefleckt. Die Raupen einiger Arten (z. B. vom Kleinen Fuchs und Tagpfauenauge) bevorzugen Brennesseln.
Weniger prächtig sind die Vertreter der Bräunlinge oder Augenfalter (Satyridae, S. 80–93) mit meist düster bräunlich gefärbten Flügeln, auf denen oft ein oder mehrere Augenflecken stehen (Ausnahme das schwarz-weiße Schachbrett, S. 86/87). Besonders charakteristisch sind aber zwei andere Merkmale: An der

Das Schlüpfen des Falters aus der Puppenhaut ist ein faszinierender Augenblick, der das ganze Wunder der Metamorphose enthüllt. Hier ein schlüpfender Admiral (S. 58/59).

Basis der Vorderflügel sind eine oder mehrere Adern blasig verdickt und kahl; man nimmt an, daß sie der Lautwarnehmung dienen. Außerdem sind – wie bei den Nymphaliden – die Vorderbeine beider Geschlechter zu kurzen Putzpfoten zurückgebildet, so daß die Falter vierbeinig erscheinen. Die Fühler sind schwach gekeult. Die meist grün oder braun gefärbten Satyriden-Raupen fressen hauptsächlich an Gräsern. Ihr letztes Bauchbeinpaar ist zu zwei Hinterleibsspitzen umgebildet. Verpuppung teils als Stürzpuppe, teils im Boden.

Die Bläulinge, Feuerfalter und Zipfelfalter (Lycaenidae, S. 94–99) sind kleine bis mittelgroße, oft leuchtend gefärbte Falter. Blau und damit leicht erkennbar sind bei den Bläulingen nur die Männchen (Ausnahme: Dunkelbrauner Bläuling), während die Weibchen vielfach dunkelbraun sind und nur einige blaue Schuppen in Körpernähe haben. Färbung und Zeichnung der Unterseite sind für die Artbestimmung wichtig. Charakteristisch für alle Vertreter der Gruppe sind asselförmige, kurzbehaarte Raupen. Die Raupen des Schwarzgefleckten Bläulings *(Maculinea argus)* leben nur anfangs vegetarisch an Thymian. Dann bilden sie Honigdrüsen aus, machen sich auf die Wanderung und lassen sich von Ameisen in deren Baue tragen, wo sie hinfort teils räuberisch von Ameisenpuppen leben, teils von Ameisen gefüttert werden. Auch die Raupen anderer Arten besitzen Honigdrüsen und lassen sich – wenn auch weniger intensiv – von Ameisen umsorgen. Feuerfalter sind leuchtend orange gefärbt. Die meist bräunlichen Zipfelfalter tragen am Hinterflügelende einen kleinen, oft besonders gefärbten Zipfel, im Vorderflügel

einen dunklen, langgezogenen Duftschuppenfleck.
Deutlich von den übrigen Tagfaltern heben sich die Dickkopffalter (Hesperiidae, S. 100–103) ab. Besonders charakteristisch ist der breite Kopf mit den weit auseinanderstehenden Fühlern. Die Fühlerkeule endet oft in einem kleinen Haken. Typisch ist auch die Flügelhaltung während der Ruhe: Sie klappen sie nicht nur wie die übrigen Tagfalter nach oben, sondern halten sie oft auch (wie Nachtfalter) schräg nach hinten oder flach dachförmig zusammengelegt. Die Raupen leben zwischen zusammengesponnen Blättern. Verpuppung als Gürtelpuppe in leichtem Kokon.
Die Widderchen oder Blutströpfchen (Zygaenidae, S. 122/123) erscheinen dem Laien aus doppeltem Grund als »Tagfalter«: Sie fliegen hauptsächlich am Tage und sie sind so farbenfroh wie sonst wenige »Nachtfalter«. Was sie von den Tagfaltern unterscheidet, enthüllt erst die Lupe: der Kopplungsmechanismus zwischen Vorder- und Hinterflügel (Frenulum) und die wie Widderhörner (nach außen geschwungen) getragenen Fühler. Sie sind außerdem träge Flieger. Die etwa 30 mitteleuropäischen Arten sind schwer zu unterscheiden, zumal manche sehr variabel sind.
Die relativ kleine Familie der Schwärmer (Sphingidae, S. 124–145) sind unter den Nachtfaltern gewissermaßen die Edelfalter. Einige von ihnen wandern alljährlich aus Afrika oder anderen Mittelmeerländern zu. An ihrer Größe, dem kräftigen Körper, den schmalen, spitzwinkligen Flügeln und den oft prächtigen Farben sind sie leicht zu erkennen. Sie sind hervorragende Langstrecken- und Rüttelflieger, die wie Kolobris vor der Blüte stehen, um Nektar zu saugen. Die meisten Schwärmerraupen erkennt man leicht an ihrem Horn am Körperende. Viele der oft grünen Raupen tragen Schrägstreifen, die an Blattadern erinnern. Aufsehen erregt die Raupe des Mittleren Weinschwärmers (S. 140/141). Mit ihren Augenflecken am aufblasbaren Vorderleib wird sie oft für eine Eidechse oder einen »Lindwurm« gehalten. Einer der bekanntesten Vetreter der Familie ist das tagaktive Taubenschwänzchen (S. 144/145).
Die Eulenfalter (Noctuidae, S. 162–175) sind mit 500 Arten unsere artenreichste Familie. Leuchtende Farben weisen nur die Ordensbänder auf – und auch die nur am Hinterflügel, der normalerweise in der Ruhestellung bedeckt ist. Als Warntracht wird diese Färbung erst dadurch plausibel, daß die Falter bei Störung ruckartig die Vorderfügel vorziehen oder auffliegen und dadurch ihre warnende Flagge zeigen. Vögel können dadurch abgeschreckt werden. Einige Eulenarten gelten als Waldschädlinge.
Als letzte Gruppe wollen wir die Spanner (Geometridae, S. 176–187) betrachten, die ebenfalls sehr artenreich in Mitteleuropa vertreten sind. Die Bezeichnung Spanner bezieht sich auf die Fortbewegungsweise der Raupen. Da die ersten 3 Bauchbeinpaare zurückgebildet sind, laufen sie durch Vorstrecken und buckelartiges Nachziehen des Körpers. Viele Raupen gleichen täuschend einem Zweig. Die Falter der verschiedenen Arten unterscheiden sich in Größe und Aussehen stark; gemeinsam ist ihnen ein zarter Körperbau.

Färbung und Zeichnung der Falter

Die wunderbare Farbenpracht vieler Falter wird durch Pigmentfarbstoffe und Strukturfarben hervorgebracht. Die Pigmente sind entweder diffus in der Chitinhülle des Körpers verteilt oder liegen als winzige Körnchen in den Schuppen, die dachziegelartig große Teile der Flügel und des Körpers bedeken. Im allgemeinen ist die einzelne Schuppe aber nur schwach getönt. Die kräftigen Farben werden durch die dichte Lagerung der Schuppen bewirkt.

Die Pigmentfarben werden teilweise vom Falter gebildet, teilweise stammen sie aus der Nahrung der Raupe. Ganz allgemein kann man sie als Abfallprodukte des Stoffwechsels betrachten, die durch Ablagerung in der Epidermis unschädlich gemacht werden. (Eine ungewöhnlich künstlerische Entsorgung!)

Im Gegensatz zu den Pigmentfarben werden die sogenannten Strukturfarben durch den Feinbau der Schuppen und die dadurch bedingte Lichtbrechung hervorgerufen. Auf diese Weise entstehen die Metall- und Schillerfarben, die meisten blauen und grünen Farbtöne sowie manche Weißfärbungen. Für die herrlichen Schillerfarben mancher Arten sind besonders gebaute Flügelschuppen verantwortlich, die sogenannten Schillerschuppen. Die grünen und violetten Farbtöne vieler Falter entstehen durch das Zusammenwirken von Schillerschuppen mit darunterliegenden roten und gelben Pigmenten.

Mehr noch als die Farbenpracht selber, erstaunt der Reichtum an Zeichnungsmustern auf den Flügeln der Falter. Die Flügelzeichnung bildet sich in der Puppe meist in einer kurzen Periode, die als sensible Phase bezeichnet wird, weil äußere Einflüsse in dieser Zeit sich im Flügelmuster stark auswirken können. So erklären sich etwa die saisonalen oder ökologischen Unterschiede in Muster und Färbung bei manchen Arten (vgl. Landkärtchen, S. 70/71) durch Temperaturunterschiede während der sensiblen Phase der Puppenentwicklung.

Im einzelnen setzen sich die Muster aus abhängigen und unabhängigen Elementen zusammen, wobei die abhängigen an Strukturen des Flügels, insbesonderes an seine Äderung gebunden sind. Quer zu den Adern sich ausbildende Streifen oder Binden teilen den Flügel in Felder. Das Grundmuster ist eine Dreigliederung in ein Zentralfeld, das durch zwei Binden vom körpernahen Wurzelfeld und vom körperfernen Außenfeld abgesetzt ist. Darauf baut sich ein System von sieben Binden auf. Aus diesem Grundmuster entwickeln sich die vielfältigsten Flügelmuster. Für die einzelnen Gruppen lassen sich jeweils gemeinsame Grundmuster erkennen.

Besonders erstaunlich ist das Phänomen der »Totalzeichnung«: Ohne Rücksicht auf die einzelnen Musterelemente und anatomische Grenzen bilden beim sitzenden Falter Vorder- und Hinterflügel sowie der Rumpf – soweit sie sichtbar sind – ein einheitliches Bild. Es wird zerstört, wenn man die Flügel in eine unnatürliche Stellung bringt.

Nahrung der Falter

So gewaltig die Nahrungsmengen sind, die die Larven der Schmetterlinge, die Raupen, aufnehmen, so gering ist bei vielen Faltern das, was sie während ihrer Imaginalzeit zu sich nehmen. Manche verzichten sogar ganz darauf.

In welchem Umfang Nahrung und Wasser von den Faltern aufgenommen werden, hängt von der Lebensdauer und der Ausbildung der Mundwerkzeuge ab. Grundsätzlich können alle höher entwikelten Arten mit ihren lekend-saugenden Mundwerkzeugen nur flüssige Nahrung zu sich nehmen. Sie besteht vor allem aus zuckerhaltigen Pflanzensäften, aus Nektar, Saft von verletzten Bäumen und gärenden Früchten. Durch den Besuch von Blüten insbesondere mit engen, langen Blütenröhren, deren Nektar für andere Insekten mit kürzeren Rüsseln nicht erreichbar ist (z. B. Disteln oder Buddleja), kommt den Schmetterlingen eine besondere Bedeutung bei der Bestäubung zu.

Auch die süßen Ausscheidungen von Blattläusen, der sogenannte Honigtau wird aufgenommen. Häufig sieht man verschiedene Tagfalter auch an tierischen Exkrementen und Aas. An Ufern und anderen feuchten Bodenstellen versammeln sich manchmal viele Falter, um Wasser und Mineralstoffe aufzunehmen.

Raupen und ihre Nahrungspflanzen

Aus den Eiern der weiblichen Falter schlüpfen oft schon nach wenigen Tagen die Larven, winzige Räupchen. Bei vielen Arten überwintern die Eier in einem frühen oder späten Entwicklungsstadium. Beim Apollo und einigen anderen Arten schlüpft ein Teil der Raupen noch im Herbst, ein anderer Teil erst im Frühjahr.

Die Schmetterlingsraupe ist ganz auf Massenzuwachs durch Nahrungsaufnahme ausgerichtet. Ihre Freßleistung ist gewaltig, was besonders bei jenen Arten augenfällig wird, wo die Raupen eines Geleges oder vieler Gelege beisammen bleiben.

Zum Schutz gegen Feinde und Witterungseinflüsse spinnen sich vor allem junge und gesellig lebende Raupen oft ein oder fertigen sich aus einem zusammengesponnenen Blatt eine Schutzhülle. Gemeinsame Wanderungen zwischen Wohngespinst (Raupennest) und Futterpflanze sind besonders vom Prozessionsspinner (S. 158/159) bekannt. Manche Arten umhüllen ganze Bäume mit ihrem Gespinst, so die Gespinstmotten. Größere Raupen schützen sich vielfach durch abstehende Haare und allerlei Schreckeinrichtungen und Verhaltensweisen vor Feinden.

Während die Raupen der größeren Falter auf ihren Nahrungspflanzen leben, gibt es viele kleinere Arten, die in der Pflanze leben, sei es im Blatt minierend, sei es in Zweigen, Stengeln, Stämmen oder Wurzeln. Auch der »Wurm« im Apfel ist die endophage Raupe eines Schmetterlings: des Apfelwicklers.

Die Raupen vieler Arten sind »monophag«, d. h. sie leben nur von einer bestimmten Pflanzenart. Sie verhungern lieber, statt Ersatzfutter anzunehmen. Oft werden als Futterpflanzen nur nah verwandte Arten akzeptiert, etwa Schmetterlingsblütler von Widderchen und Bläulingen, Kreuzblütler von Weißlingen oder Gräser von Augenfaltern; solche Raupen nennt man oligophag. Polyphag heißen Arten, die wenig wählerisch sind.

Immer wieder haben Schmetter-

Aus dem Entwicklungszyklus des Kleinen Nachtpfauenauges (S. 146/147): Oben das Weibchen von der Unterseite bei der Eiablage. Bald darauf schlüpfen die zunächst völlig schwarzen Räupchen (Mitte links). Sie wachsen rasch und nehmen nach mehreren Häutungen zunächst eine schwarz-gelbe Zeichnung an und werden schließlich in immer größeren Partien hellgrün, bis nur noch schwarz-gelbe Segmentringe übrig sind. (Verpuppung nächste Seite)

Die ausgewachsene Raupe des Kleinen Nachtpfauenauges spinnt einen Kokon am Boden (auf den Fotos geöffnet), verpuppt sich und wirft die Raupenhaut ab.

lingskenner die Erfahrung gemacht, daß kümmerliche, schwache Pflanzen gesunden, kräftigen als Nahrungspflanzen vorgezogen werden. Das liegt wohl daran, daß gesunde Pflanzen reicher an Abwehrstoffen gegen Freßfeinde sind.

Nahrungsspezialisten sind die Raupen von Kleidermotten und Wachsmotten. Es gibt sogar fleischfressende Raupen, wie die mancher Eulenfalter, die von Schildläusen, oder Bläulingsraupen, die von Ameisenbrut leben. Als Mordraupen werden von Züchtern solche bezeichnet, die andere Raupen anfallen und verzehren.

Die Dauer des Raupenstadiums hängt von der Art, von der Nahrung und von der Temperatur ab. Nur wenige Wochen benötigen die Raupen vieler Tagfalter zur Entwicklung. Über Jahre kann sie sich hinziehen bei Raupen, die von Holz oder im Hochgebirge leben. Während ihrer Entwicklung häuten sich die Raupen mehrmals. Wenn die Zeit der Verpuppung naht, werden die meisten Raupen unruhig und unternehmen oft längere Wanderungen, um einen geeigneten Puppenplatz zu finden.

Puppen

Tagfalterraupen verpuppen sich frei und legen auf der Unterlage nur ein flaches Gespinst an, in das sich die hängende Puppe einhakt. Die aufrecht befestigten Tagfalterraupen spinnen zusätzlich um die Leibesmitte noch einen Gürtelfaden (Gürtelpuppen). Andere befestigen sich mit dem Hinterende und lassen sich kopfunter hängen (Stürzpuppen). Viele Raupen spinnen sich einen sehr kunstvollen Kokon – nicht selten mit Deckel zum Schlüpfen des Falters – als Puppenwiege. Andere weben nur ein unregelmäßiges Gespinst. Oft werden auch Fremdkörper mit eingesponnen. Die Raupen von Schwärmern und Eulenfaltern spinnen kaum, sondern verkriechen sich im Boden und sondern eine erstarrende Flüssigkeit ab, die mit Bodenteilchen eine Puppenhülle bildet.

Zunächst platzt die Raupenhaut und die zunächst noch weiche Puppe nimmt ihre endgülige Lage ein. Das ist besonders kompliziert bei den hängenden Stürzpuppen der Tagfalter. Die Bewegungsfähigkeit der Puppen ist später stark eingeschränkt.

Das Puppenstadium ist nur äußerlich ein Ruhestadium. In Wirklichkeit ist es durch tiefgreifende Umbildungen und Entwicklungen gekennzeichnet. Die Puppenruhe dauert bei manchen Tagfaltern nur 10–14 Tage. Die Puppen vieler Arten überwintern und machen dann eine echte Ruhezeit (Diapause) durch; viele brauchen Frost, um sich weiter entwikeln zu können. Einige Arten verbringen mehrere Jahre im Puppenstadium.

Überwinterung, Wanderungen

Wie bereits angedeutet, überwintern manche Arten im Ei, andere als Raupe, als Puppe oder auch als Falter. Alle früh bei uns fliegenden Arten, wie Tagpfauenauge, Kleiner Fuchs und Zitronenfalter, überwintern als Falter. Pfauenauge und Fuchs suchen hohle Bäume, Reisighaufen oder Dachböden zum Überwintern auf. Zitronenfalter hingegen hängen sich frei an Halme und verbringen so einen Teil des Sommers und den Winter.

Einige der in Mitteleuropa lebenden Arten vertragen unsere Wintertemperaturen in keinem Entwicklungsstadium. Sie gehen regelmäßig im Winter zugrunde. Im Frühjahr oder Frühsommer fliegen diese Arten aus Südeuropa wieder ein. Zu diesen Wanderfaltern gehören Distelfalter, Admiral, Heufalter, Totenkopf, Windenschwärmer und Gammaeule. Manche von ihnen kommen sogar von Nordafrika – und einige von ihnen ziehen im Herbst den langen Weg auch wieder zurück. Dabei handelt es sich aber oft um Nachkommen der Einwanderer. Die Wanderungen finden in Schwärmen oder häufiger einzeln statt. Die dabei vollbrachten Leistungen im Hinblick auf Energie und Orientierung sind gewaltig, zumal viele Arten die Alpen überqueren.

Falter und Raupen im Naturhaushalt

Obwohl die Falter für den Betrachter im Vordergrund stehen, spielen sie im Naturhaushalt eine viel geringere Rolle als die Raupen. Bedeutung haben die Falter vor allem für Pflanzen mit sehr engen, langen Blütenröhren. Kein anderes Insekt unserer Fauna erreicht den tief verborgenen Nektar solcher Blüten (z. B. vieler Korbblütler wie Disteln), so daß sie auf den Besuch langrüsseliger Falter zur Bestäubung angewiesen sind.

Als Nahrungsquelle spielen hauptsächlich dickleibige Nachtfalter für Fledermäuse eine Rolle. Vögel fressen zwar auch Tagfalter, lieben im allgemeinen aber nicht die schuppigen Flügel, so daß sie erst das Entflügeln lernen müssen.

Die Raupen spielen hingegen als Vogelnahrung (vor allem auch für die Jungenaufzucht) eine wichtige Rolle – zumindest die nackten. Für

Verpuppung und Schlupf des Schwalbenschwanzes (S. 34/35). Die an Doldenblütlern lebenden Raupen sind nach etwa 1 Monat ausgewachsen. Sie heften sich dann mit Spinnfäden an Hinterleib und Bauch an einen Stengel und fertigen den »Gürtel«, der die Puppe später in ihrer Lage sichert. Das Platzen der Raupenhaut im Nacken wird durch lebhafte Bewegungen gefördert.

Während sich der Vorderteil bereits in die unförmige Puppe verwandelt, wird die Raupenhaut zum Hinterleibsende hin abgestoßen. Schließlich hat das Tier in der typischen Haltung einer Gürtelpuppe die Ruhestellung erreicht, in der viele Puppen auch überwintern. Während der tiefgreifenden Umwandlungsprozesse in der Puppe verändert diese auch ihre Farbe.

Nach 3 Wochen oder auch erst im nächsten Mai hat sich die Verwandlung vollendet. Die Puppenhülle platzt am Vorderende und der Falter arbeitet sich mit ruckartigen Bewegungen ans Licht. In die Adern der zunächst noch eng gefalteten Flügel wird Leibesflüssigkeit gepumpt, wodurch sie sich zu ihrer vollen Größe und Schönheit entfalten.

die stark behaarten Raupen, etwa der Bärspinner, interessiert sich nur der Kuckuck.
Kahlfraß an Bäumen entsteht durch Massenbefall von Raupen relativ selten. Nadelbäume können dadurch wirklichen Schaden nehmen. Laubbäume jedoch, wie etwa die Traubenkirsche oder die Schlehe, die recht häufig von Gespinstmotten völlig kahlgefressen werden, treiben meist in kurzer Zeit wieder aus und erleiden keinen erkennbaren Schaden.

Die Lebensräume der Schmetterlinge

Wie viele andere Organismen auch, sind die einzelnen Schmetterlingsarten meist an spezielle Lebensbedingungen angepaßt. Sie können nur hier oder gar nicht existieren – wir sprachen das schon im Zusammenhang mit den Futterpflanzen der Raupen an. Die tierische Artenvielfalt ist ja eigentlich ein Spiegel der Nischenvielfalt. Freilich gibt es auch Arten mit einem weiteren ökologischen oder Anpassungs-Spektrum; sie können in Mitteleuropa etwa an Waldrändern, auf Wiesen und in Gärten vorkommen, und ihre Raupen nehmen verschiedene Nahrungspflanzen an. Das bedeutet aber nicht notwendigerweise, daß diese Arten auch an der Küste, im hohen Gebirge oder im subtropischen Klima des Mittelmeers leben können.
Wir wollen kurz die wichtigsten mitteleuropäischen Schmetterlings-Lebensräume betrachten. Dabei werden wir feststellen, daß viele durch den Menschen bedroht sind.

Städte und Dörfer

Erstaunlicherweise sind die menschlichen Siedlungen mit ihren Gärten und Ruderalflächen (Schuttplätze, Kiesgruben, Gleisanlagen usw. mit ihrer reichen Unkrautflora) nicht die schlechtesten Schmetterlingsbiotope. Die Brennessel- und Disteldickichte der Ruderalplätze bieten Raupen und Faltern gleichermaßen Nahrung und Versteck, die Blumen der Gärten und faulendes Fallobst werden von vielen Faltern gerne aufgesucht und die Gebäude selber, die sich in der Sonne aufheizen wie Felsen, werden zum Sonnen und Wärmen benutzt und ihre Dachböden von manchen auch als Winterquartier.
Trotzdem ist die Zahl der Arten nicht sonderlich groß, die man in unserer unmittelbaren Umgebung regelmäßig antrifft. Und es sind – gewissermaßen als Kulturfolger – häufigere Arten: Tagpfauenauge und Kleiner Fuchs, Kohlweißling und Zitronenfalter, Kaisermantel und Admiral (schon seltener), Taubenschwänzchen und einige weitere Nachtfalter. Eher irreführend sind Artenzahlen, wie sie aus London (mit 728 Großschmetterlingsarten) oder aus München (310 Arten im Nymphenburger Park) gemeldet werden. Denn da wurden entweder riesige Gebiete mit einer Vielzahl naturnaher Biotope systematisch abgesucht, oder aber mit Lichtfallen herumstreifende Falter herbeigelockt.

Dörfer und vor allem Städte mit ihrer recht großen Vielfalt an Biotopen spielen für die Welt der Schmetterlinge deswegen eine nur untergeordnete Rolle, weil der Mensch immer wieder störend eingreift, so daß weder die Vegetation (als Nahrungsgrundlage) noch längere Entwicklungsphasen des Insekts sich in der nötigen Ruhe entfalten können. Auch sind viele Biotope zu kleinflächig, als daß sich lebensfähige Populationen einer Art aufbauen könnten. Schließlich kommt als weiterer begrenzender Faktor die erhöhte Umweltbelastung in den Städten hinzu. Die Falter, die sich oft in Mengen an unseren Buddleja-Büschen tummeln, sind daher viel eher Gäste aus dem weiteren Umland, als eigentliche Bewohner der Siedlungen. Wesentlichere Bedeutung als Schmetterlings-Biotope haben in der Stadt nur größere Parks mit altem Baumbestand, unkrautreiche Ruderalflächen und naturnahe Gärten. Sie können ein echter Beitrag zum Schmetterlingsschutz sein. Gartenbesitzer können für die Erhaltung und den Schutz unserer Schmetterlinge insbesondere durch folgende Maßnahmen Gutes tun:

- Durch einheimische Sträucher und Bäume;
- durch ungedüngte, erst spät im Jahr gemähte, wildblumenreiche Wiesen;
- durch Brennesseln, Disteln und andere »Unkräuter« in Gartenecken und an Zäunen;
- durch blühende, duftende Blumen- und Kräuterbeete.
- Besonders wichtig ist, daß im Garten möglichst vollständig auf Insektizide und Herbizide verzichtet wird und allgemein eine gewisse »Unordnung« geduldet wird.

Daß die Welt des Menschen für manche Schmetterlingsarten ein wahres Paradies ist, sollte doch noch erwähnt werden. Freilich sind das nicht die Arten, die wir fördern wollen: Kleidermotten, Pelzmotten, Tapetenmotten, Mehlmotten. . .

Wiesen

Wiesen sind halbnatürliche Pflanzengemeinschaften. Die dort wachsenden Arten sind alles heimische Wildpflanzen, deren Artenzahl und Zusammensetzung aber nicht nur vom Boden, sondern vor allem von der Art der Bewirtschaftung abhängen. Ohne Bewirtschaftung würden sich alle unsere Kulturwiesen früher oder später in Wald zurückverwandeln, dem sie ja einst entrissen wurden. Reine Naturwiesen finden sich in unserem Klimabereich nur an der See und im Hochgebirge.

Extensiv bewirtschaftete, artenreiche Wiesen gehören zu den bevorzugten Lebensräumen vieler Schmetterlingsarten. Sie finden hier Raupennahrung, Schutz und Nektar. Noch vor wenigen Jahrzehnten waren unsere Wiesen denn auch wahre Falterparadiese. Heute sind sie das nur noch ausnahmsweise, da die Intensivierung der Landnutzung auch den Grünlandbereich erfaßt hat. Bei massiver mineralischer und organischer Düngung (Gülle) werden heute die Wiesen meist schon im Mai das erstemal gemäht und dann in geringen Abständen – bis zu siebenmal im Jahr. Das halten nur wenige Gräser und einige Blattkräuter aus. Die farbige Blütenpracht macht einem monotonen Grün Platz und mit der Kräuter- und Blütenvielfalt verschwinden auch die Falter.

Für den Schwalbenschwanz, dessen Raupen auf Wilder Möhre und anderen nah verwandten Doldenblütlern leben, wurde nachgewiesen, daß Futterpflanzen aus intensiv gedüngten Wiesen in wenigen Stunden zum Tod der Raupen führen. Ähnlich giftige Auswirkungen haben Dünger übrigens auch auf Heuschrecken und andere Wiesentiere. Hinzu kommt, daß die häufige Mahd weder Raupen noch Puppen die nötige Zeit zur Entwicklung läßt.

Es werden vom Naturschutz große, wenn auch immer noch unzureichende Anstrengungen unternommen, den für Falter, viele andere Tiere und zahlreiche Blumen so überlebensnotwendigen Lebensraum der Magerwiese durch Landschaftspflegemaßnahmen zu erhalten. Denn die Magerwiese, ob als Trockenrasen oder Streuwiese, ist von zwei Seiten bedroht: durch Intensivierung der Nutzung und durch Aufgabe der Nutzung. Wenn wir diese schönen und wertvollen Elemente der Kulturlandschaft wenigstens in Resten erhalten wollen, so müssen solche Flächen durch gelegentliches Mähen (alle 1–3 Jahre) oder extensives Beweiden offengehalten werden. Es wäre wünschenswert, wenn mehr Bauern als bisher diese Aufgabe gegen entsprechende Bezahlung übernähmen.

Trockenrasen

Wer mit offenen Augen durch die Natur geht, wird beobachtet haben, daß an vielen Dämmen ein reges Falterleben herrscht: an flußbegleitenden Hochwasser- und Staudäm-

Halbtrockenrasen sind durch eine lockere Grasnarbe und bunte Blumenvielfalt gekennzeichnet – besonders wenn sie auf Kalkböden gedeihen. Hier finden viele Falter und Raupen ideale Lebensbedingungen.

men, an Straßenböschungen, Bahndämmen usw. Da und dort gibt es auch noch die natürlichen oder halbnatürlichen Landschaftselemente dieser Art: Steile, sonnige, trockene Hänge und Flußleiten, die so steil und trocken sind, daß sich Gehölze kaum ansiedeln können, oder die durch Schafweide baumfrei gehalten wurden – abgesehen von Wacholdern, die den Schafen nicht munden. Viele Pflanzen- und Tierarten solcher leider immer seltener werdenden natürlichen Trocken- oder Halbtrockenrasen, Wacholderheiden usw. finden wir in kleinerem Maßstab an Dämmen und Böschungen. Auch Weinberge sind oder waren bevorzugte Lebensräume für wärmeliebende Arten. Durch Flurbereinigung und Einsatz von Insektiziden und Herbiziden haben sie jedoch an Bedeutung sehr verloren.
Daß Schmetterlinge solche Lebensräume gerne besiedeln, ist leicht einzusehen, sind doch diese Trockenrasen besonders warm und sehr blumenreich. So finden wir hier viele Arten, deren Verbreitungsschwerpunkt in Südwest- und Südeuropa liegt. Da das hohe Wärmebedürfnis das gemeinsame Merkmal dieser Schmetterlingsfauna ist, sind die Übergänge zur Fauna trocken-warmer und lichter Waldformationen sowie zu Sandheiden fließend. Außerdem finden wir natürlich hier auch sogenannte Ubiquisten, also Falter, die in den verschiedensten Lebensräumen auftreten. Denn die meist extensiv oder gar nicht genutzten Trocken- und Halbtrockenrasen bieten meist auch im Sommer und Spätsommer noch eine reiche Blütenpracht, wenn die der Wirtschaftswiesen längst schon den Mähwerken zum Opfer gefallen ist.

Hochmoore

Hochmoore gleichen vollgesogenen Schwämmen. Sie können sich nur in Gegenden bilden, wo die Niederschläge die Verdunstung überwiegen und übers Jahr gut verteilt sind. Das feucht-kühle Großklima wird noch verstärkt durch ein besonders sommerkühles Lokalklima, das durch die starke Verdunstung von Hochmooren entsteht. Insofern bilden Hochmoore vielfach »Kälteinseln« in Mitteleuropa, mit einem Klima wie in Nordeuropa oder im Hochgebirge.
Die Schmetterlinge der leider nur noch in kleinen Resten erhaltenen Hochmoore etwa Nordwestdeutschlands, der Mittelgebirge und des Alpenvorlands gehören daher (wie andere Tiere und viele Pflanzen dieses Lebensraums) zum großen Teil einer Fauna an, die in Mitteleuropa während der Eiszeit verbreitet war, heute aber auf den hohen Norden Europas und die Alpen beschränkt ist.
Daß die Bindung dieser Eiszeitrelikte an die Hochmoore mehr eine Frage des Klimas ist, geht schon daraus hervor, daß die typischen Hochmoorfalter des mitteleuropäischen Tieflands in Nordeuropa und den Hochlagen der Alpen gar nicht auf Hochmoore beschränkt sind. Oft handelt es sich aber auch um eine Bindung an bestimmte Pflanzen, die ebenfalls als Eiszeitrelikte kühlere Lebensbedingungen brauchen (z. B. Rauschbeere, Moosbeere, Rosmarinheide).
Da die Hochmoore zu den am meisten bedrohten Lebensräumen in Mitteleuropa gehören (was nicht verhindert, daß auch weiterhin großflächig Torf abgebaut wird), ver-

Verlandungsbereiche, die sich noch nicht zum Bruchwald entwickelt haben, sind reich an blühenden Hochstauden – Lebensraum für Kleinen und Großen Moorbläuling, Violetten Silberfalter und andere.

wundert es nicht, daß die Schmetterlinge der Moore zu fast 90% auf den Roten Listen stehen.

Die Schmetterlingsfauna der Flachmoore ist weitgehend identisch mit der feuchter Wiesen und Röhrichte einerseits, und – erstaunlicherweise – mit der von Halbtrocken- und Magerrasen andererseits, nämlich dort, wo Flachmoore entwässert wurden und als Streuwiesen genutzt werden.

Ufer

Das Wasser ist nicht eben das Element der Schmetterlinge. Immerhin gibt es aber auch bei uns einige Arten, die als Larven an Wasserpflanzen leben. Sie gehören alle den unscheinbaren Zünslern an. Auch das Uferröhricht wird nur von wenigen Arten besiedelt. Dank der von Natur aus vorhandenen »Monokultur« des Schilfgürtels, können sich spezialisierte Arten oft massenhaft entwickeln. Zu den typischen Schilfbewohnern gehören die Schilfeulen, die Rohreulen, Spinnerfalter wie der Rohrbohrer und der Schilfwickler.

Bemerkenswert ist, wie sich die Schilfbestände gegen eine übermäßige Vermehrung ihrer Freßfeinde wehren. Um von einer im Wasser stehenden Futterpflanze auf die nächste zu gelangen, müssen die Raupen von Blatt zu Blatt klettern. Dies gelingt nur bei dichtem Bestand und bei kräftigen Blättern. Andernfalls stürzen die Raupen ins Wasser. Noch erstaunlicher ist folgender Zusammenhang: Die Schilfeulen verpuppen sich in den hohlen Stengeln des Schilfs. Ist das Schilf durch den Befall geschwächt, können sich die Raupen in den zu engen Halmen nicht mehr verpuppen. In beiden Fällen wird also ein Gleichgewicht nach dem Thermostat-Prinzip erreicht.

Da das Röhricht arm an nektarspendenden Blütenpflanzen ist, nutzen die Falter der meisten Schilfbewohner die süße Quelle der Blattläuse, die oft in großer Zahl an Schilfblättern leben. Auch der Blatthonig einiger Uferpflanzen, wie des Wasserschwadens, dient als Nahrung für die Falter. Im übrigen haben Hochstaudensäume an Grabenrändern und Ufern mit ihren relativ spät blühenden Pflanzen eine wichtige Funktion sowohl für die Falter der Uferzonen als auch für die nach der Mahd oft nahrungslosen Wiesenschmetterlinge. Blut-Weiderich, Mädesüß, Gilbweiderich, Sumpf-Storchschnabel, Kohldistel bestimmen das bunte Bild dieser Säume. Hier fliegen Arten der feuchten Wiesen, z. B. verschiedene Bläulinge.

Hecken und Waldränder

Die Bereiche, in denen sich verschiedene Großbiotope begegnen und durchdringen sind für viele Tierarten besonders wertvolle Lebensräume, da sie hier auf kleinem Raum eine vielfältige Struktur- und Nahrungsvielfalt finden. Darum sind Ufer, Kleingewässer, Waldränder, Einzelbäume und Feldgehölze, Hecken usw. tierökologisch meist viel wichtiger als große Wasserflächen, endlose Felder und Grünlandflächen oder geschlossene Waldungen.

Die Feldhecke ist in diesem Sinne einem doppelten Waldrand vergleichbar, wo viele Schmetterlingsarten ideale Lebensbedingungen finden. An Büschen und Bäumen finden die Raupen zahlreicher Arten Lebensstätte und Nahrung. Die Falter finden in den Blüten der Gehölze und im Flor der Kräuter reichlich Nektar. Hecken sind für die Falter in der offenen Flur auch als Windschutz, als Versteck vor Feinden und schlechter Witterung von großer Bedeutung. Manche Arten, wie etwa der seltene Segelfalter oder der Birkenzipfelfalter, brauchen Einzelbüsche, Buschgruppen oder Hecken auch als Reviermarken und Treffpunkte. Das Rendezvous an herausragenden Ein-

Sonnige Waldränder und Hecken sind mit ihren vielfältigen Strukturen bevorzugter Lebensraum von Landkärtchen, Kaisermantel, Eisvogel, Trauermantel und vielen anderen.

zelbäumen nennt man in England »treetopping«.

Die Erhaltung alter und das Pflanzen neuer Hecken ist darum nicht nur aus Gründen der Verbesserung des Kleinklimas (Windschutz) und der Landschaftsstrukturierung (größerer Erholungswert) angesagt, sondern auch aktiver Schmetterlingsschutz. Die Hecken sollten möglichst breit (4–10 m) und tunlichst mit einem Streifen extensiv genutzter Wiese gesäumt sein. Bei der Auswahl der Sträucher und Bäume sollte zwar Artenvielfalt angestrebt werden, es sollten aber nur Gehölze verwendet werden, die an diesem Standort und in dieser Gegend auch heimisch sind. Sanddorn und Schlehe sind gewiß schöne und wertvolle Arten, sie passen aber nicht überall hin.

Zur Pflege einer Hecke gehört gelegentliches Stutzen oder die Verjüngung, indem man die Sträucher und Bäume alle 10–20 Jahre auf den Stock setzt. Man sollte dies aber immer nur abschnittsweise und natürlich nur im Winterhalbjahr tun, damit die Lebensgemeinschaft Hecke erhalten bleibt.

Wälder

Unsere Wälder sind in ähnlicher Weise bedroht wie unsere Wiesen. Denn auch hier besteht eine starke Tendenz zur Intensivnutzung, zur toten Fichtenplantage, die als Lebensraum für Schmetterlinge (und andere Tiere und Pflanzen) ebenso wenig geeignet sind wie Wiesen, die 5- bis 6mal gemäht werden. Der Unterschied zur Wiese besteht darin, daß naturnahe Wälder nur durch Intensivnutzung gefährdet sind, nicht durch Aufgabe der Nutzung. Hier sind also keine Pflegemaßnahmen des Naturschutzes nötig. Wälder kommen ohne den Menschen aus und entwickeln sich ungestört mit der Zeit zu artenreichen Lebensgemeinschaften. Als Endstufe natürlicher Entwicklungsreihen (Sukzessionen) sind sie für echte Flächenstillegungen bestens geeignet.

Als Geschöpfe des Lichts meiden die wärmeliebenden Tagfalter in unserem Klima das Innere geschlossener Wälder. Selbst die wenigen Arten, die großflächige Gehölze besiedeln, finden wir als Falter in der Regel nur an besonnten Stellen, im Kronendach, auf Lichtungen und am Waldrand. Besonders reich an Tagfaltern sind lichte Eichenmischwälder, Schlucht- und Auenwälder, Orchideen-Buchenwälder sowie Mittel- und Niederwälder. Allein an der Eiche können 200 Arten von Groß- und Kleinschmetterlingen leben. Besonders auffällige Arten der Eichen-Hainbuchen-Wälder sind der Große und der Kleine Schillerfalter; unscheinbarer sind Eichenwaldspanner, Eichenkarmin und Eichenwickler. Für Buchenwälder typisch sind Nagelfleck, Schwarzeck, Buchenkahneule und Buchenfrostspanner. Die meisten waldbewohnenden Tagfalter sind aber nicht auf bestimmte Laubwaldtypen festgelegt; nur in Nadelwäldern wird man sie vergeblich suchen.

Im Gegensatz zu den Tagfaltern, bei denen Waldbewohner die Ausnahme sind, ist mindestens die Hälfte unserer Nachtfalter als Raupe oder Falter mit dem Wald verbunden. Sie besiedeln auch Nadelwälder. Und da diese zumeist großflächige Monokulturen sind, in denen noch dazu natürliche Feinde selten sind, können sich einige Nadelbaumspe-

Lichtungsreiche Laubwälder sind die Heimat von Schiller- und Perlmutterfaltern, verschiedenen Mohrenfaltern, Waldbrettspiel, C-Falter und einer großen Zahl weiterer Arten.

zialisten, wie etwa der Kiefernspanner, oft massenhaft vermehren und damit zu Schädlingen werden.

Von den rund 500 Arten von Großschmetterlingen, die in Mitteleuropa mehr oder weniger zu den Waldbewohnern gezählt werden können, stehen rund 90 (oder 17%) auf der Roten Liste. Das ist deutlich weniger als bei den Wiesen- und Moorbewohnern.

Das Bergland

Im hochgradig genutzten Mitteleuropa ist das Bergland für viele Pflanzen und Tiere eine letzte Zufluchtstätte. Für die höheren Lagen, insbesondere der Alpen, bedarf es freilich besonderer Anpassungen. Die fürs Bergland typischen Schmetterlingsarten zeichnen sich unter anderem dadurch aus, daß sie in der Regel nur eine Generation und damit nur eine Flugzeit haben, die in den Hochsommer (Juni bis Ende August) fällt. Einige Arten weisen sogar einen zweijährigen Entwicklungszyklus auf, was sich meist auch in zweijährigen Häufigkeitsschwankungen ausdrückt.

Viele Arten findet man von mittleren Lagen süddeutscher Mittelgebirge sowie vom Hügelland im Voralpenbereich bis in Hochgebirgslagen unterhalb der Dauerschneegrenze verbreitet. Gleichwohl lassen sich zwei Verbreitungsgruppen unterscheiden, montane Arten, die in der Bergwaldregion (etwa 500–1800 m) leben, und alpine Arten, deren Lebensraum über der Waldgrenze liegt. Die Arten der Bergwaldregion sind durchaus keine reinen Waldbewohner, sondern besiedeln lichte, grasige Stellen. Vereinzelt dringen die Falter bis in die Ebene und auch in wesentlich höhere Regionen vor, so der Bergweißling *(Pieris bryoniae)*, der sowohl bei München als auch an sonnigen Felspartien in 2300 m Höhe gefunden wurde.

Die alpinen Arten haben ihre Siedlungsschwerpunkte dort, wo blütenreiche Bergwiesen sich mit Felsen und Krummholzbeständen abwechseln. Man findet sie auch in tieferen Lagen, wo entsprechend offene Flächen (Lawinenbahnen, Almwiesen) vorhanden sind. Neben sehr ausdauernden Fliegern, die auch den oft kräftigen Bergwinden widerstehen können, suchen andere Falter besonders windgeschützte Bereiche auf. Einige Schmetterlinge der hohen Lagen sind an bestimmte Zwergsträucher (Heidelbeere, Preiselbeere, Rauschbeere) gebunden, andere an Dickblattgewächse. Besonders hohe Ansprüche stellt der Alpen-Apollo, dessen meist kleine Kolonien größere Bestände an Bach- oder Fetthennen-Steinbrech, die Nachbarschaft von Gewässern und genügend nektarreiche Blumen (z.B. Kratzdisteln) brauchen.

Viele Bergschmetterlinge sind im Alpengebiet weit verbreitet, sofern ihre Lebensraumansprüche befriedigt sind. Andere kommen nur in eng begrenzten Gebieten vor. So wurden der Brocken-Mohrenfalter *(Erebia eiphron)*, der Schillernde Mohrenfalter *(E. tyndarus)*, der Alpen-Apollo, der Eros-Bläuling *(Polyommatus eros)* und andere im deutschen Alpenteil nur im Allgäu gefunden.

Beobachten von Schmetterlingen

Früher bestand das Beobachten von Schmetterlingen im wesentlichen aus dem Fangen, Abtöten und Sammeln. Das heißt, man hat sich vielfach nur mit dem Äußeren begnügt – mit der freilich faszinierenden Fülle von Formen, Farben und Strukturen. Das, was das Leben einer Art eigentlich ausmacht, das Sozialverhalten der Individuen und Geschlechter, die vielerlei Beziehungen zur belebten und unbelebten Umwelt, die Entwicklung vom Ei bis zum Falter, die Dynamik der Populationen usw. ist auch heute noch längst nicht von allen Arten bekannt.

Insofern ist es zu begrüßen, daß heute das Fangen und Töten praktisch aller heimischen Tagfalter und Widderchen vom Gesetz verboten ist. Es hat freilich auch einen Nachteil. Begeisterte Schmetterlingsfreunde haben nicht nur Falter gesammelt, getötet und ihrer Kollektion einverleibt, sie haben auch Eier, Raupen und Puppen heimgetragen und ihre Entwicklung zum Falter beobachtet. Diese besonders auch für Jugendliche wertvolle Art der Naturbeobachtung fällt nun leider ebenfalls unter das Aneignungsverbot der Bundesartenschutzverordnung. Verantwortungsvolle Naturfreunde werden aber auch hier Möglichkeiten finden: Wenn Sie in ihrem Garten auf dem Kohl die Raupen des Kohlweißlings finden oder auf Brennesseln die des Kleinen Fuchs, so können Sie ohne Gewissensbisse einige davon in einem Terrarium großziehen, die Verpuppung und schließlich das Schlüpfen der Falter beobachten.

Neben dem Sammeln gibt es eine Reihe anderer Möglichkeiten, auch scheue und seltenere Falter in freier Natur aus der Nähe beobachten oder auch fotografieren zu können.

Da können wir uns zum einen die merkwürdige »Sucht« nachtfliegender Falter zunutze machen, Lichtquellen anzufliegen. Die einfachste Art ist, am Abend das Fenster zu öffnen und die an die Lampe oder die hellen Wände anfliegenden Falter zu beobachten und zu bestimmen. Das Ergebnis ist um so besser, je günstiger das Haus (in der Natur) gelegen und je heller die Lichtquelle ist.
Eine zweite Möglichkeit, Falter anzulocken, ist das Auslegen von Ködern. Besonders die großen Fleckenfalter (Nymphaliden) gehen mit Vorliebe an übelriechende Stoffe, wie faulendes Fleisch, Kot und Käse. So kann man den in den Baumkronen meist unsichtbaren Großen Schillerfalter auf den Waldboden locken und in Ruhe beobachten.
Nächtlich fliegende Arten (Eulenfalter, Spanner) lassen sich leicht mit süßen, gärenden Stoffen anlocken. Eine Mischung aus $^2/_3$ Malzbier und $^1/_3$ Sirup hat sich bewährt.

Was können wir zum Schutz der Schmetterlinge tun?

Es ist noch nicht lange her, daß ein wahrer Schmetterlingsfreund am Fangnetz erkennbar war. Auch heute noch werden Schmetterlinge gefangen, obwohl es das Naturschutzgesetz verbietet. Die Zahl der Sammler ist jedoch so klein (geworden), daß die Gefährdung von dieser Seite gering ist, vor allem im Vergleich zu den gigantischen Verlusten durch Biotopbeeinträchtigungen. Immerhin kann aber auch heute noch das Sammeln besonders seltener und besonders begehrter Arten (z. B. des Apollos) zu einem bedrohlichen Faktor werden. In der Statistik liegt das Sammeln bedrohter Arten nach Landwirtschaft, Forstwirtschaft und Tagebau an vierter Stelle.
Für die Forschung ist das Sammeln einzelner Exemplare weiterhin in vielen Fällen eine Notwendigkeit und durch Ausnahmegenehmigungen auch möglich. Das Anlegen riesiger Sammlungen und der Vertrieb von Präparaten ist jedoch unverantwortlich und zurecht heute für praktisch alle heimischen Tagfalter und Widderchen verboten.
Die Artenvielfalt der Schmetterlinge spiegelt die Vielfalt intakter Lebensräume wider. Wenn die Schmetterlinge an Artenzahl und Häufigkeit abnehmen, so ist dies ein Zeichen für die zunehmende Monotonie unserer natürlichen Umwelt einerseits und für die Verschlechterung der Lebensbedingungen (z. B. durch Vergiftung) andererseits. Wie immer beim Artenschutz, geht es also auch beim Schutz der Schmetterlinge um die Erhaltung und Wiederherstellung abwechslungsreicher Landschaften und um die Gesundung und Entgiftung unserer Umwelt.
Zunächst geht es also einmal um den Schutz unserer Streuwiesen und Hochmoore, um möglichst viele extensiv bewirtschaftete Blumenwiesen und Raine, um naturnahe Wälder und Feldhecken ganz allgemein. Hier kann in Zusammenarbeit zwischen Staat, Umweltverbänden und Landwirten viel erreicht werden.

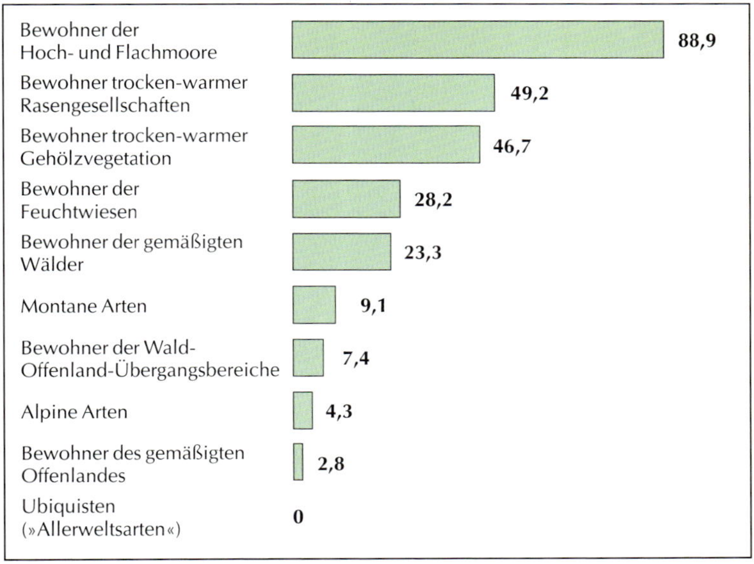

Gefährdung der Falter nach Lebensräumen (nach: J. Blab und O. Kudrna, 1982). Der Bewertung liegt folgendes Punktsystem zugrunde:

Verschollene und akut bedrohte Arten	3 Punkte
Stark gefährdete Arten	2 Punkte
Gefährdete und potentiell gefährdete Arten	1 Punkt

Bezugsgröße: Gesamtartenzahl je Formation × 3 Punkte (= alle Arten verschollen oder akut bedroht = 100%)

Nun werden die meisten Leser fragen, ob und was denn sie selbst, als landlose Naturfreunde, allenfalls als Kleingartenbesitzer für die bunten »Sommervögel« tun können. Tatsächlich kann auch der Eigentümer eines Hausgartens einiges zur Verbesserung der Lebensmöglichkeiten der Schmetterlinge und anderer Insekten und Tiere tun. Nützliche Ratschläge wurden bereits auf S. 22 gegeben. Bedenken Sie stets: Nicht die gehätschelten Kostbarkeiten machen – ökologisch gesehen – den Wert eines Gartens aus, sondern die ganz einfache Ungestörtheit, mit der sich Natur entfalten darf. Man kann nachhelfen, indem man einen Teich anlegt oder sonnige Kies- und Sandflächen schafft. Auch eine Blumenwiese, ungedüngt und spät gemäht, ist ein wertvolles Angebot.

Ein »Schmetterlingsstrauch« (Buddleja) bietet für viele Falter Nektar. Aber wenn die Raupen dieser Falter anderswo keine Brennesseln, keine Kreuzdornbüsche oder Schlehenblätter zum Fressen gehabt hätten, dann bliebe auch die Buddleja ohne bunten Besuch. Wenn wir im Garten also nicht nur die Früchte anderer genießen wollen, müssen wir auch etwas für die Raupen der Schmetterlinge tun. Hier kann das empfohlene bißchen Mehr an Unordnung und Wildnis wahre Wunder tun.

Segelfalter

RL 2, gesch.

Iphiclides podalirius

oben Falter, unten links Raupe, rechts Puppe

Merkmale: Flügelspannweite bis 70 mm; die Weibchen sind meist etwas größer als die Männchen. Die Hinterflügel weisen schwanzartige Fortsätze auf, die noch länger sein können als beim Schwalbenschwanz (S. 34/35). Die Grundfarbe ist weißgelb (heller als Schwalbenschwanz), mit unterschiedlich langen schwarzen Längsstreifen, die als Totalzeichnung von den Vorderflügeln auf die Hinterflügel übergreifen. Auf den Hinterflügeln fallen Reihen blau eingelegter, bogenförmiger schwarzer Muster auf; ein rotbraun unterlegter, blauer Augenfleck schließt sie zur Mitte hin ab. Die Flügelunterseite begleitet ein rötliches Band, das der Sommerform jedoch fehlt. Die Falter der ersten Generation besitzen einen schwarzen, die der zweiten einen mehr gelblichen Hinterleib.

Verbreitung/Lebensraum: In Europa etwa bis zur deutschen Nord- und Ostseeküste. In warmen Jahren wandern die Falter bis nach Skandinavien und Finnland. In Mitteleuropa jedoch nur inselförmig auftretend. Der Segelfalter sucht warme, trockene Hänge mit Schlehengestrüpp. Bisweilen steigt er an sonnigen Alpenhängen bis 2000 m Höhe auf. Südlich der Alpen ist er häufig auch in Obstgärten zu finden. Seine hiesigen Lebensräume fallen immer mehr der Intensivierung der Landnutzung zum Opfer, so daß der Segelfalter bei uns selten geworden ist.

Lebensweise/Flugzeit: Flugbeginn zur Zeit der Fliederblüte bis Juni; im Elsaß, im Maintal, in Niederösterreich und südlich der Alpen auch Juli bis September (2. Generation). Er benützt thermische Aufwinde zum Segeln um Hügelkuppen, wo auch die Paarungen stattfinden (»hilltopping«). Eiablage einzeln auf der Unterseite von Schlehenblättern.

Raupe: Die Raupen der ersten Generation sind im Juni/Juli zu finden, die der zweiten von Juni bis August. Die dicken, buckelig wirkenden Raupen werden bis 40 mm lang, sind grün, mit einer gelben, seitlich verzweigten Rückenlinie und weisen beiderseits rote oder gelbe Flecken auf. Zur Abschreckung von Feinden können die Raupen eine gabelförmige Duftdrüse zwischen den Segmenten des Nackens ausstülpen (s. Foto). Ihre Futterpflanzen sind Schlehen, Weißdorn, Felsen- und Traubenkirsche sowie Obstbäume. Die gelben oder braunen Puppen überwintern meist an der Nahrungspflanze. Die Puppen der noch im gleichen Sommer schlüpfenden zweiten Generation sind grün. Der Falter braucht vier Wochen bis zum Schlüpfen aus Sommerpuppen; Winterpuppen verläßt er im folgenden Frühjahr.

Als stark gefährdete Art steht der Segelfalter unter Naturschutz, der allerdings nur durch den Erhalt seiner Lebensgrundlagen (Schlehenhecken) zu verwirklichen ist!

Schwalbenschwanz

RL 3, gesch.

Papilio machaon

oben Falter, unten links Raupe, rechts Puppe

Merkmale: Flügelspannweite 55–75 mm. Sattgelber Grundton mit schwarzer, gerippter Zeichnung, blaubestäubter Binde am Hinterflügel und jeweils einem rot gefüllten Augenfleck an deren innerem Winkel; zartrote Einlagerungen auf der Flügelunterseite. Auffällig sind die Schwanzfortsätze der Hinterflügel, denen der Falter seinen Namen verdankt. Der schlanke Körper trägt seitlich dunkle Längsstreifen auf gelblichem Grund; die Fühler weisen eine Endverdickung (Keule) auf.

Verbreitung/Lebensraum: Hauptverbreitungsgebiet der artenreichen Gattung sind die Tropen. Unsere heimische Art kommt in ganz Mitteleuropa vor, wenn auch in letzter Zeit seltener. Man findet den schönen Tagfalter von der Meeresküste bis in Hochgebirgsregionen um 2000 m Höhe. Er bevorzugt blütenreiche Wiesen in offenem Flach- und Hügelland. Ähnlich wie der Segelfalter (S. 32/33) hält er sich gerne im Bereich von Hügelkuppen auf, wo auch die Paarungen stattfinden. Im übrigen legt er als guter Flieger weite Strecken zurück. Gärten in denen man Mohrrüben anbaut, werden von ihm besucht.

Lebensweise/Flugzeit: Der Schwalbenschwanz fliegt von Ende April bis Mitte Juni und von Mitte Juli bis August in zwei Generationen. In warmen Jahren kommt gelegentlich eine dritte Generation vor, die von September bis Oktober auftritt. Die Eier werden im Mai (bzw. Spätsommer) auf die Blätter von Doldenblütlern gelegt; nach einer Woche schlüpfen die tagaktiven Raupen.

Raupe: Oft erkennbar an ihrem beißenden Geruch, den die bei Gefahr ausgestülpte Nackengabel verströmt. Der Geruch soll Freßfeinde abwehren. Grundfarbe grünlich mit roten und schwarzen Querbänderungen. Futterpflanzen sind Wilde Möhre, Fenchel, Engelwurz, Dill und andere Doldenblütler. Pflanzen aus stark gedüngten Wiesen wirken auf die Raupen giftig. Die Raupen vertausendfachen innerhalb von 14 Tagen ihr Gewicht und sind nach etwa einem Monat ausgewachsen. Die grünen oder braunen Gürtelpuppen heften sich an Pflanzenstengel; die Falter schlüpfen innerhalb von drei Wochen, oder die Puppen überwintern. Im Moor vertragen sie es, längere Zeit unter Wasser zu stehen.

Apollofalter

RL 1, gesch.

Parnassius apollo

oben Falter, Mitte links Raupe, rechts Puppe

Merkmale: Die Spannweite beträgt 65–75 mm. Die Flügel sind milchig-weiß mit schwarzen Flecken und vier schwarz umringten, roten oder gelben Punkten. Männchen und Weibchen gleichen sich. Weltweit sind fast 200 verschiedene Rassen bekannt. **Verbreitung/Lebensraum:** Ursprungsregion sind Täler des Himalaja. Hierzulande findet man die Art standorttreu in Gebirgsregionen zwischen 600 und 1800 m; nicht jedoch in der Ebene. Der Schwarze Apollo *(P. mnemosyne)* ist kleiner, ohne rote oder gelbe Zeichnung; er ist auch im Tal, in Waldnähe zu finden. **Lebensweise/Flugzeit:** Der Apollofalter fliegt in einer Generation von Juni bis September (Schwarzer Apollo: Mai bis Juli). Die Männchen schweben im Brutgebiet an Berghängen und besuchen Blüten, die Weibchen halten sich hingegen eher in Bodennähe auf. Ihre flachen, weißen Eier legen sie an den unteren Blättern und Stengeln krautiger Pflanzen ab. Die fertige Jungraupe überwintert darin. **Raupe:** Samtschwarz mit rötlichen Flecken auf beiden Seiten; am Rücken stahlblaue Wärzchen. Zwischen Kopf und erstem Brustsegment besitzt sie eine ausstülpbare Nackengabel. Sie frißt nur bei Sonnenschein. Als Futterpflanzen dienen ausschließlich der Weiße Mauerpfeffer oder die Purpur-Fetthenne. Die Puppe ist gedrungen geformt und von bläulich schimmernder, bräunlicher Farbe; sie verspinnt sich unter Steinen oder am Boden.
Die genannten Apollo-Arten sind vom Aussterben bedroht und geschützt!

Alpen-Apollo, Hochalpen-Apollo

RL 2, gesch.

Parnassius phoebus

unten

Merkmale: Spannweite bis 48 mm. Flügel ebenfalls in weißlichem Grundton; in Körpernähe samtig schwarz behaart. Der Alpen-Apollo ist lebhafter als der Apollofalter mit rot gefüllten, schwärzlichen Ringen gezeichnet. Die Weibchen sind wesentlich bunter gefärbt als die Männchen – ein im Tierreich seltenes Phänomen. **Verbreitung/Lebensraum:** Nur in den Alpen anzutreffen; dort bevorzugt er feuchte Stellen an Berghängen. Man trifft ihn meist oberhalb der Waldgrenze in alpinen Rasenbiotopen, oft in Gesellschaft von Alpengelbling, Alpenweißling, Alpen-Scheckenfalter und anderen alpinen Arten, die kaum unter 1400 m gehen. Durch die starke Bindung an den Fetthennen-Steinbrech, der nur an Bächen und überrieselten Stellen gedeiht, findet man auch den Alpen-Apollo fast ausschließlich in der Nähe solcher Gerinne. **Lebensweise/Flugzeit:** Der Falter fliegt in einer Generation im Juli und August. In der Schreckstellung ziehen die Falter die Vorderflügel nach vorn und präsentieren dabei die roten Augen auf den Hinterflügeln. **Raupe:** Der Apollo-Raupe ähnlich, aber kleiner. Futterpflanzen sind Fetthennen-Steinbrech und Berg-Hauswurz. Die kleinen Raupen überwintern zwischen Wurzeln und nehmen ab Mai Nahrung auf. Die Puppen sind ungewöhnlich wasserfest; sie vertragen sogar längeres Untergetauchtsein, was bedeutsam für das Überleben in moorigen Lagen ist.

Baumweißling

RL 4

Aporia crataegi

oben Falter, unten links Raupe, rechts Puppe

Merkmale: Flügelspannweite 60–70 mm. Die Flügel erscheinen fast transparent. Durch die auffallend schwarze Aderung ist die Art vom Kohlweißling leicht zu unterscheiden.

Verbreitung/Lebensraum: Außer in England, Sardinien und Korsika in ganz Mitteleuropa und Nordafrika zu Hause. Kann lokal in unerwartet großer Zahl auftreten, dann wieder vollständig ausbleiben. Bevorzugt offenes Gelände und Obstgärten; dort wird er als Schädling bekämpft. In England wurde der Falter bereits um 1920 ausgerottet. Auch bei uns fehlt er aufgrund des Einsatzes von Insektiziden in weiten Teilen seines ehemaligen Verbreitungsgebietes.

Lebensweise/Flugzeit: In einer Generation von Mai bis Anfang Juni fliegend. Die Falter saugen an Blüten. Beim Umherflattern, besonders beim Balzflug des Männnchens, erzeugen die Flügel ein auffälliges Raschelgeräusch. Die Weibchen setzen die Eier in größeren Gelegen ab; nach etwa drei Wochen schlüpfen die Raupen.

Raupe: Behaart, etwa 35 mm lang, Grundton grau, mit schwarzen und orangen Linien. Sie überwintern zu mehreren in Gespinsten, aus denen sie im Frühjahr hervorkommen. Futterpflanzen sind Weißdorn, Schlehe und Obstbäume. Verpuppung im Mai an Zweigen für zwei Wochen.

Im Gegensatz zum ebenfalls als Schädling verfolgten Kohlweißling (folgende Doppelseite), der sich mit drei Generationen im Jahr recht gut der Verfolgung entziehen konnte, reicht die Vermehrungsrate des Baumweißlings nicht aus, um die Verluste durch Agrargifte zu kompensieren.

Großer Kohlweißling

Pieris brassicae

oben Falter, Mitte Raupen
unten links Eier, rechts Puppe

Merkmale: Flügelspannweite 55–65 mm. Weiße Grundfarbe, mit dunklen Vorderflügelspitzen; Weibchen unterseits gelb gefärbt und auf den Vorderflügeln auch oberseits mit zwei schwarzen Punkten (vgl. auch folgende Doppelseite).

Verbreitung/Lebensraum: Als Kulturfolger überall in Europa anzutreffen, zieht oft in Scharen bis Nordafrika. Kohlanbau in Monokulturen förderte seine Ausbreitung als »Schädling«. Er zeigt sich in Gärten, Anlagen, Äckern und auf Wiesen bis 2000 m Höhe.

Lebensweise/Flugzeit: Drei Generationen fliegen von Mitte April bis Mai, von Juli bis August und von September bis Oktober. Balzflüge in turbulenten Spiralen; kopulierende Paare haften längere Zeit aneinander und fliegen bei Störungen gemeinsam auf, wobei ein Falter den anderen trägt. Die Geschlechter finden sich durch optische und geruchliche Signale. Befruchtete Weibchen verweigern durch Anheben des Hinterleibs eine Annäherung der Männchen. Die 200–300 orangen Eiern werden auf der Futterpflanze abgelegt, die durch Sinneszellen an den Beinen erkannt wird.

Raupe: Bis 40 mm lang; Grundfarbe grün, mit gelben Längsstreifen und schwarzen Punktmustern. Futterpflanzen sind Kreuzblütler wie Kohl und Kapuzinerkresse, auch Reseda u. a. Die Raupen strömen einen unangenehmen Geruch aus, der sie wohl gemeinsam mit ihren Warnfarben vor Freßfeinden schützt.

Die Falter der ersten Generation(en) schlüpfen nach etwa 14 Tagen aus den grünen oder graubraunen Puppen, die der letzten Generation überwintern an geschützten Plätzen (Scheunen usw.).

Kleiner Kohlweißling

oben Falter, Mitte Raupe

Pieris rapae

Merkmale: Flügelspannweite 40–50 mm, und damit kleiner als der Große Kohlweißling, dem er ansonsten weitgehend gleicht: Weiße bis weißgelbe Grundfärbung, mit schwärzlichen Vorderflügelspitzen, die in der zweiten Generation deutlicher ausgeprägt sind. Die Vorderflügel der Weibchen tragen zwei dunkle Punkte, die der Männchen einen, der oft nur schwach ausgeprägt ist. **Verbreitung/Lebensraum:** In ganz Europa ist der Kleine Kohlweißling nicht selten. In manchen Jahren kommt es sogar zu massenhaftem Auftreten. Er wählt offenes Gelände mit feuchten Stellen, Waldränder und Wiesen; weitgehend bestimmt vom Vorkommen wilder Kreuzblütler. Die zweite Generation sucht auch Monokulturen von Kohlpflanzen auf. **Lebensweise/Flugzeit:** Kleine Kohlweißlinge fliegen in zwei bis drei Generationen von Ende März bis Mai, von Juni bis August und von September bis Mitte Oktober in typischer, langsam schaukelnder Weise. Die Falter saugen gerne an Blüten. Die Weibchen legen Eier einzeln auf die Herzblätter verschiedener Kohlarten ab. **Raupe:** Bis 25 mm lang, grün, mit feiner Behaarung; gelbliche Seitenzeichnung entlang der Stigmenlinie (Atemöffnungen). Sie fressen die Wirtspflanzen von innen nach außen ab, wodurch sie sich von den Raupen des Großen Kohlweißlings unterscheiden, die es umgekehrt halten. Die Puppen der letzten Generation überwintern an Zäunen und Mauern oder an der Nahrungspflanze, die anderen geben die Falter nach drei Wochen frei.

Rapsweißling

unten

Pieris napi

Merkmale: Flügelspannweite 35–45 mm; es kommen aber auch kleinere Tiere mit etwa 25 mm Spannweite vor. Die Flügeloberseite wirkt glasig-weiß, mit dunklen Flügelspitzen. Die Unterseite besonders der Hinterflügel ist gelblich gefärbt, mit dunklen Säumen um die Adern, wodurch die Adern optisch hervortreten. Dunkle Flecke auf der Flügeloberseite, von denen das Weibchen zwei, das Männchen nur einen trägt, erlauben eine Unterscheidung der Geschlechter. **Verbreitung/Lebensraum:** Noch überall in Europa häufig. Da die Art gerne wandert, tauchen die Falter an manchen Orten gehäuft auf. Der Rapsweißling bevorzugt kühlere und feuchte Stellen in offenem Gelände, auf Waldwiesen, Waldwegen und an buschigen Hängen bis in 1500 m Höhe. In höheren Lagen lebt eine verwandte Art, der Bergweißling *(Pieris bryoniae).* **Lebensweise/Flugzeit:** Der Falter tritt in drei Generationen auf, die jeweils von März bis Anfang Juni, von Mitte Juni bis August und von September bis Oktober fliegen. Die grünlichen, spindelförmigen Eier werden von den Weibchen einzeln auf die Unterseite von Kreuzblütler-Blättern gelegt. Daraus schlüpfen die Jungraupen nach fünf Tagen. **Raupe:** Bis 25 mm lang, grün, mit auffälligen gelben Ringen um die Stigmen (Atemöffnungen) zu beiden Seiten. Nach etwa drei Wochen verpuppen sich die Raupen an den Stengeln ihrer Futterpflanzen. Die Puppen der letzten Generation überwintern.

Zitronenfalter

Gonepteryx rhamni

oben Männchen, Mitte Weibchen
unten links Raupe, rechts Puppe

Merkmale: Spannweite 50–57 mm. Männchen intensiv zitronengelb; das wesentlich blassere Weibchen kann mit Kohlweißlingen verwechsel werden. Beide Geschlechter mit einem wenig auffälligen orangeroten bis bräunlichen Kreisfleck auf jedem Flügel. Die deutliche Adernrippung ermöglicht ihnen in Kombination mit den zu Zipfeln ausgezogenen Flügeln eine gute Tarnung zwischen fahlen Blättern.

Verbreitung/Lebensraum: Von Nordafrika über Mitteleuropa bis Sibirien verbreitet; fehlt nur im nördlichen England und Skandinavien sowie auf Kreta. Häufig, aber nirgends in Mengen. Man kann die Falter in fast allen Lebensräumen antreffen, bevorzugt werden aber Waldränder, Parkanlagen, Gärten und Buschgelände bis 2000 m Höhe.

Lebensweise/Flugzeit: Die Falter leben bis 11 Monate! Die Flugzeit dauert von Juli mit Pausen bis zum nächsten Frühjahr. Die Eigenschaft, sowohl im Sommer als auch im Winter, an Zweigen hängend, für Wochen und Monate in Ruhestarre zu verfallen, ist recht ungewöhnlich. Dazwischen tanken die Falter an Flockenblumen, Disteln usw. Nektar auf. Paarungsflüge, in denen das Männchen dem Weibchen »wie an der Schnur gezogen« folgt. Die Eier werden im April an zarten Blättchen abgelegt. Überwintert wird als Falter, der frei an Zweigen hängt. Frostgeschützte Körperflüssigkeit verhindert ein Erfrieren, und die Kälte sorgt für einen fast auf Null sinkenden Energieverbrauch.

Raupe: Die grüne Raupe mit den weißen Längsstreifen schlüpft nach 10 Tagen und lebt etwa 5 Wochen. Futterpflanze ist der Faulbaum, weshalb die Art auf feuchte Wälder, Moore und Bachränder angewiesen ist. Auch der nah verwandte Kreuzdorn wird als Futterpflanze angenommen. Die Puppe ist blattartig getarnt.

Hochmoor-Gelbling

RL 2, gesch.

Colias palaeno

oben

Merkmale: Spannweite bis 60 mm. Blaßgelbe bis leuchtend gelbe Flügel mit gefranstem, rötlichem Saum. Die Weibchen sind intensiver gefärbt. Einzelnstehende helle Punkte auf beiden Flügelunterseiten. **Verbreitung/ Lebensraum:** Flächendeckend in Skandinavien und Finnland. In Mitteleuropa nach Süden hin abnehmend, kommt der Hochmoor-Gelbling hierzulande meist nur inselförmig vor. Im Tiefland ist er streng an Hochmoore gebunden, was teils eine Klimabindung dieses Eiszeitrelikts an die Kälteinseln der Hochmoore, teils eine Bindung an die Raupenfutterpflanzen darstellt. In höheren Lagen des Berglands fällt diese Biotopbindung mit den dort auch außerhalb von Moorstandorten gedeihenden Raupenfutterpflanzen weg. Mit der großflächigen Vernichtung von Hochmooren im mitteleuropäischen Tiefland ist auch der Hochmoor-Gelbling selten geworden. **Lebensweise/Flugzeit:** Nur eine Faltergeneration, die von Juni bis Juli fliegt. Die Eier findet man einzeln abgelegt auf Blättern der Wirtspflanze. Die Jungraupen schlüpfen daraus schon nach einer Woche. **Raupe:** Länge etwa 35 mm. Der grüne, fein schwarz gefleckte Körper trägt eine gelbe Stigmalinie. Futterpflanzen sind Heidelbeere und Rauschbeere. Ein Teil der Raupen überwintert. Die Puppen findet man an niedrigen Pflanzen. Der Hochmoor-Gelbling ist als stark gefährdete Art streng geschützt, wobei der Erhalt der Moore die wichtigste Rolle spielt!

Goldene Acht, Gewöhnlicher Heufalter

gesch.

Colias hyale

unten

Merkmale: 40–48 mm Spannweite. Flügel beim Männchen zitronengelb, beim Weibchen weißgelb, an den Enden schwarz gesäumt, mit feiner, heller Fransenkante. Ein schwarzer Fleck auf jedem Vorderflügel, ein orangeroter auf jedem Hinterflügel und, auf deren Rückseite, zwei aneinandergrenzende Ringe, die eine 8 bilden (Name!). **Verbreitung/Lebensraum:** Nördlich der Alpen fast bis zum Polarkreis; südlich herrscht die verwandte Art *C. australis* vor. Letztere auf trockenem Ödland und an kargen Hängen, die einheimische Art hingegen auf feuchten, nährstoffreichen Wiesen. **Lebensweise/Flugzeit:** Wanderfalter, der zwei, manchmal drei Generationen im Jahr durchläuft. Die Raupen überstehen nur warme Winter; meist wandern Falter vom Süden her zu. Auf der Oberseite der Futterpflanzen findet man einzelstehende weiße, später orange Eier. **Raupe:** Grün, mit drei gelben Längsstreifen und regelmäßigen, dunklen Fleckchen. Futterpflanzen sind Luzerne, Wicke und Hornklee. Die südliche Art bevorzugt Hufeisenklee und Bunte Kronwicke. Die grüne Puppe mit ihrem auffallenden »Rucksack« (für die Flügel) findet man an Stengeln angeheftet.

Aurorafalter gesch.; oben Männchen, Mitte links Unterseite Männchen
Anthocharis cardamines Mitte rechts Weibchen, unten links Raupe, rechts Puppe

Merkmale: Flügelspannweite 35–45 mm. Die Grundfarbe der Flügel ist weiß; die Spitzen der Vorderflügel sind schwarz, bei den Männchen ist zudem das äußere Drittel orange gefärbt. In Ruhestellung werden die unterseits dezent gescheckten Hinterflügel zur Tarnung über die auffälligeren, einen schwarzen Punkt tragenden Vorderflügel geschoben. Das Weibchen ist oberseits fast einfarbig weiß mit ebenfalls schwarzer Vorderflügelspitze und schwarzem Fleck, womit es dem Kleinen Kohlweißling (S. 42/43) ähnelt. Die Unterseite seiner Hinterflügel ist aber in gleicher Weise tarnfarbig wie beim Männchen.
Verbreitung/Lebensraum: Ein typischer Wiesenbewohner, der überall in Europa an Waldrändern und feuchten, blütenreichen Wiesenrainen zu finden ist, in den Alpen bis 2000 m Höhe. Früher war der Aurorafalter durchaus häufig, heute zählt er in Mitteleuropa zu den selteneren Arten, was auf den Rückgang blumenreicher Wiesen zurückzuführen ist.
Lebensweise/Flugzeit: Die Weibchen bevorzugen bläulichrosa und weiß gefärbte Blüten, während die früher schlüpfenden Männchen auch andere Blütenfarben annehmen. Man kann die Geschlechter deshalb oft »unter sich« an den Nahrungspflanzen beobachten. Eine einzige Generation fliegt von April bis Juni. Die zunächst weiß gefärbten, später orange getönten Eier werden einzeln in Blütennähe an den Futterpflanzen abgelegt.
Raupe: Die bläulich-grünen Raupen haben sich in Form und Farbe den Schoten ihrer Nahrungspflanze so angepaßt, daß sie schwer zu finden sind. Futterpflanzen sind Wiesen-Schaumkraut und über 30 andere Kreuzblütler-Arten. Die Puppen überwintern hängend an Zweigen von geschützt stehenden Sträuchern.

Großer Eisvogel

Limenitis populi

RL 2, gesch.; oben Oberseite
unten links Unterseite, rechts Raupe

Merkmale: Mit einer Spannweite von 70–80 mm gehört der Große Eisvogel zu unseren großen Edelfaltern. Auf dunkelbraunem bis schwärzlichem Grund sind die Flügel mit einer Reihe großer weißer Flecken, die sich teils zu Binden reihen, sowie mit orangen Bogenreihen und grauen Doppelsäumen geziert. Die Unterseite der Flügel ist vorherrschend orangerot und ebenfalls mit weißen Flecken und Binden sowie grauen Einlagen und Säumen geschmückt. Die Männchen sind kleiner und unauffälliger als die Weibchen, deren weiße Bänderung ausgeprägter ist. Ähnliche Arten siehe folgende Doppelseiten.

Verbreitung/Lebensraum: Das Areal erstreckt sich in einem von Osten nach Westen über Zentraleuropa hinziehenden Gürtel, der bis ins mittlere Skandinavien reicht. Die Art fehlt in Westfrankreich, in England, in der Norddeutschen Tiefebene und in den meisten Mittelmeerländern. Bei uns im Hügelland und in Gebirgstälern, aber nirgends häufig. Als ausgesprochenen Baumfalter bekommt man den in feuchten Laubmischwäldern lebenden Falter nur in den Vormittagsstunden zu sehen, wenn er an Kot und Aas saugend am Boden weilt; sonst halten sich die Tiere wie Tropenfalter in den Wipfeln von Bäumen auf. Durch Auslegen von Aas und stark duftendem Käse kann man die Falter anlocken.

Lebensweise/Flugzeit: Die Männchen sitzen wartend auf bestimmten Blättern und signalisieren damit ihre Paarungsbereitschaft. Konkurrenten werden vertrieben. Die Weibchen legen die Eier einzeln auf die Oberseite von Pappelblättern. Flugzeit in einer Generation von Juni bis Juli.

Raupe: Die bis 50 mm langen Raupen tragen fleischige Rückenfortsätze, die ihnen ein bizarres Aussehen verleihen. Ihre Futterpflanzen sind Pappelarten. Stürzpuppe an Zweigen oder Blattrippen der Wirtspflanze hängend.

Der Große Eisvogel steht als stark gefährdete Art unter Naturschutz.

Kleiner Eisvogel

RL 3, gesch.; oben Oberseite

Limenitis camilla

Mitte Unterseite, unten links Raupe, rechts Puppe

Merkmale: Ein mittelgroßer Falter (Spannweite 50–60 mm), der oberseits auf dunkelbrauner Grundfarbe weiße Fleckenbinden trägt, die von den Vorderflügeln auf die Hinterflügel übergreifen. Darin gleicht er dem Weißen Waldportier (S. 88/89). Vom Großen Eisvogel (s. vorige Seite) unterscheidet ihn im Flug von oben der fehlende weiße Fleck innen am Vorderflügel. Auf der Flügelunterseite sind die Falter weniger farbenprächtig und zeigen auf gelbbraunem Grund schwarze Flecken und kräftige weiße Fleckenbinden. Sehr ähnlich gefärbt ist der nördlich der Alpen seltene Blauschwarze Eisvogel *(L. reducta)*, der sich vom Kleinen Eisvogel durch nur eine Reihe schwarzer Flecken auf der Unterseite der Hinterflügel unterscheidet.

Verbreitung/Lebensraum: Östliches Verbreitungsgebiet, das sich über ganz Mitteleuropa bis Frankreich und Italien erstreckt. Die Art ist in Mitteleuropa nur noch stellenweise häufig, wo feuchte Auwälder und lichte Laubwälder mit der Raupennahrungspflanze zur Verfügung stehen. Im Gebirge findet man sie bis zur Waldgrenze.

Lebensweise/Flugzeit: Die Falter fliegen in einer Generation von Juni bis Mitte August. Sie saugen an feuchten Stellen und Baumsäften und wohl auch an Brombeerblüten. Die Männchen bilden Reviere, aus denen sie Nebenbuhler vertreiben. Die hellgrünen Eier werden am Blattstiel von Geißblattgewächsen einzeln abgelegt; nach einer Woche schlüpft daraus der Nachwuchs.

Raupe: Die schattenliebenden, grünen Raupen sind mit weinroten Dornen bestückt und leben von August bis Anfang Juni des folgenden Jahres auf Geißblatt, Heckenkirsche und Schneebeere. Sie überwintern sehr klein in einem Gespinst aus eingerollten Blättern. Die bunte, stellenweise silbrige Puppe wird direkt an Zweige angesponnen.

Großer Schillerfalter

Apatura iris

RL 3, gesch.; oben Männchen
Mitte links Unterseite; Mitte rechts Weibchen
unten links Raupe, rechts Puppe

Merkmale: 60–70 mm Spannweite; Vorderflügelspitzen ausgezogen, Hinterflügel bogig gezackt. Oberseite braun, bei den Männchen durch lichtbrechende, luftgefüllte Schüppchen metallisch blau schillernd (Name!); mit weißen Flecken und Bänderungen, grauen Säumen und orangen Augenflecken auf den Hinterflügeln gemustert. Unterseite braunbunt, mit schwarz kontrastierenden Augenflecken auf den Vorderflügeln. Siehe auch folgende Art.

Verbreitung/Lebensraum: Flachlandbewohner, dessen nicht häufiges Vorkommen vom Vorhandensein der Weide abhängt. Nördliche Verbreitungsgrenze ist der 60. Breitengrad.

Lebensweise/Flugzeit: Frühmorgens noch in Ruhestellung in Bodennähe verharrend, beginnen die Falter in den Vormittagsstunden an Aas, Dung und Baumsäften zu saugen. Sie lassen sich mit stark duftendem Käse ködern. Um die Mittagszeit suchen sie in den Baumkronen ihre Reviere auf, die sie gegen Eindringlinge verteidigen. Der Falter fliegt von Mitte Juni bis Mitte August; im Spätsommer werden die Eier einzeln auf die Oberseite der Nahrungsblätter abgelegt.

Raupe: Spindelförmig, mit zwei langen Hörnern, grün, mit schrägen, feinen, rötlich-gelben Streifungen. Überwintert in einem Seidengespinst an der Futterpflanze, meist der Sal-Weide oder der Grau-Weide, wo auch die Puppe angesponnen wird, die einem welken Blatt ähnelt.

Kleiner Schillerfalter

Apatura ilia

RL 3, gesch.; oben blaues Männchen
Mitte rotes Männchen, unten rotes Weibchen

Merkmale: Mit 65–75 mm Spannweite manchmal sogar größer als der Große Schillerfalter; diesem sehr ähnlich. Die Männchen unterscheiden sich durch mehr Orangebraun auf den Flügeloberseiten, das sich besonders an den Außenkanten zu Bändern zusammenschließen kann, sowie vor allem durch einen orangebraunen Augenring auf dem Vorderflügel. Neben dieser rötlichen Form (Mitte und unten) gibt es auch eine violettschwarze Farbvariante (oben). Das Weibchen ist meist größer; ihm fehlt der schillernde blaue Glanz.
Verbreitung/Lebensraum: Südliches Mitteleuropa bis nach Asien, im Mittelmeerraum nicht überall. Braucht warme Gebiete in Auwäldern oder Tälern mit reichlich Weiden und Pappeln.
Lebensweise/Flugzeit: Eine Generation, die von Juli bis Anfang August fliegt. Lebensweise ähnlich wie die des Großen Schillerfalters.
Raupe: Bis 50 mm lang, grün; gespaltene Vorderhörner und am Hinterende zwei kleine Hörner, die in eine gemeinsame Spitze münden. Zwei rote und gelbe Rückenlinien sowie schräge rotgelbe Seitenstreifung. Futterpflanzen sind besonders die Espe (Zitter-Pappel), andere Pappeln und Weiden.

Admiral

Vanessa atalanta

oben Oberseite, Mitte Raupe
unten links Puppe, rechts Unterseite

Merkmale: Flügelspannweite 52–64 mm. Die prächtige Flügeloberseite präsentiert leuchtend rote Bänder auf dunklem Grund, auf den Hinterflügeln fein schwarz punktiert und weiß gerändert. Die schwarzen Vorderflügelspitzen sind weiß gefleckt und im Saum grau eingelegt. Die Unterseite zeigt ein kompliziertes, gefächertes Farbenspiel mit mehreren Augenflecken, welches raffinierte Tarnungen ermöglicht.

Verbreitung/Lebensraum: Der Admiral ist hierzulande Sommergast, der jedes Jahr aus der Mittelmeerregion nach Mitteleuropa und bis nach Skandinavien, in warmen Jahren bis zum Polarkreis, hinaufzieht. Die wenigen den Winter überstehenden Exemplare können die Art nicht erhalten, so daß die im Mai hier erscheinenden Falter meist Zuwanderer sind. Man findet sie besonders in baumbestandenen Anlagen und Gärten, sogar in der Stadt.

Lebensweise/Flugzeit: Der Admiral fliegt von Mai bis Juli und August bis Oktober (2–3 Generationen). In den letzten warmen Herbsttagen versuchen die Falter wieder nach Süden zu ziehen, überwinden jedoch bei Kälte die Alpen oft nicht und gehen dort zugrunde (vgl. auch nächste Art). Der Admiral liebt Blumen und besonders Fallobst, bei dem er sich häufig mit dem C-Falter oder dem Tagpfauenauge trifft und durch heftige Flügelbewegungen beim Saugen auffällt. Die Weibchen legen ihre Eier im Juni einzeln auf Brennesselblättern (selten an Kratzdisteln) ab.

Raupe: Etwa 35 mm lang, verschiedene Färbungen von Schwarz über Grün bis Gelbbraun, Kopf dunkel. Die Raupen fressen im Schutz zusammengesponnener Blätter und sind nach etwa vier Wochen ausgewachsen. Ihre Futterpflanze ist die Brennessel, manchmal auch Hopfen oder Glaskraut. Die stellenweise metallisch schimmernden Puppen findet man am Stengel ihrer Wirtspflanzen in einem Schutzgespinst; die Falter schlüpfen daraus nach zwei bis drei Wochen.

Der Admiral gehört noch zu den häufigeren Edelfaltern, wenngleich auch er an Zahl abgenommen hat.

Distelfalter

Vanessa cardui

oben Oberseite, Mitte Unterseite
unten links Raupe, rechts Puppe

Merkmale: Spannweite 50–60 mm. Oberseits rötlich-orange, mit schwarzen Ausläufern und weißen Einlagerungen der Vorderflügel. Die Unterseite der Hinterflügel erinnert an den Admiral und zeigt ein Landkartenmuster mit bräunlichen Feldern, weißen Linien und kontrastierenden Augenflecken. Die Unterseite der Vorderflügel ist ebenfalls bunt.

Verbreitung/Lebensraum: Dieser Wanderfalter stammt aus Nordafrika und den Mittelmeerländern und zieht in Schwärmen während der warmen Jahreszeit nach Norden bis Island. Überall wo es Brennesseln und Disteln gibt, ist er dann zu finden.

Lebensweise/Flugzeit: Die ersten Einwanderer sind ab Mai anzutreffen. Die erste mitteleuropäische Generation fliegt dann von Juli bis August, die zweite und möglicherweise dritte im September und Oktober. Die Falter besuchen die Blüten von Disteln, Kletten und Gartenblumen (Buddleja). Die Eier werden einzeln auf Distelblätter gelegt.

Raupe: Schwärzlich, mit gelben Längsstreifen und gefiederten Dornen; lebt auf Futterpflanzen wie Disteln, Malve, Brennessel und Klette in zusammengesponnenen Blättern; verpuppt sich dort nach einem Monat. Die Falter schlüpfen nach zwei Wochen.

Im Oktober treten die Falter den Rückzug nach Süden an, sofern es die Witterung noch zuläßt. Die Leistungen der Langstreckenwanderer Distelfalter und Admiral sind verblüffend. Selbst gegen starken Wind ziehen sie unbeirrt ihre gerade Richtung, wobei sie Hindernisse eher überfliegen als umfliegen. In den Alpen trifft man sie auf breiter Front, wobei es allerdings an manchen Pässen zu Konzentrationen kommen kann. So ist der auch wegen seines Vogelzuges bekannte Col de Betrolet in der Westschweiz im Herbst stets Treffpunkt von vielen tausend Wanderfaltern, Schwebfliegen und Großlibellen. Natürlich sind die Verluste auf diesen Wanderungen enorm hoch.

Kleiner Fuchs

Aglais urticae

oben Oberseite, Mitte Raupen
unten links Puppe, rechts Unterseite

Merkmale: Flügelspannweite 40–50 mm. Oranger Grundton mit einzelnen schwarzen Tupfen und schwarz-weiß abgesetzten Vorderkanten. Die übrigen Flügelränder sind mit dunklen, blau eingelegten Bogenreihen gesäumt. Die Unterseiten zeigen sich ähnlich gemustert, aber insgesamt blasser.
Verbreitung/Lebensraum: Überall in freiem Gelände, aber als Kulturfolger auch in Gärten und Anlagen zu sehen. In ganz Europa und weit nach Norden verbreitet, ist der Kleine Fuchs auch in Höhen bis 3000 m anzutreffen.
Lebensweise/Flugzeit: Gelegentlich schon ab Ende Februar, sonst von März bis Mai, Juni bis Juli und August bis September in zwei bis drei Generationen fliegend. Man beobachtet den Falter oft an Gartenpflanzen wie z. B. der Fetthenne saugend, am »Schmetterlingsstrauch« (Buddleja) ist er einer der regelmäßigsten Gäste. Die achtfach gerippten, tonnenförmigen Eier werden von den Weibchen im Mai in Gruppen auf der Rückseite von Brennesselblättern abgelegt.
Raupen: Schwarz mit gelber Längsstreifung, ähnlich wie die des Admirals (S. 58/59); im Gegensatz zu letzteren aber gesellig lebend, spinnen sie sich Blätter ihrer Nahrungspflanze als Schutzraum zusammen. Futterpflanze ist die Brennessel. Nach der letzten Häutung einzeln lebend, sind sie in einem Monat ausgewachsen. Die Puppen findet man oft weitab von den Nahrungsplätzen. Die letzte Generation überwintert als Falter unter schützenden Vorsprüngen, sogar auf Dachböden, in Schuppen oder Scheunen, aber auch in Astlöchern. Im Frühjahr gehört der Kleine Fuchs mit Zitronenfalter und Tagpfauenauge zu den ersten Gauklern. Bereits im Februar kann man die Falter hoch im Gebirge antreffen, wie sie sich auf Schnee sonnen. Zur Aufwärmung kommen ihnen ihre dunklen Flügelunterseiten zustatten. Der Kleine Fuchs gehört zu unseren häufigsten Tagfaltern.

Großer Fuchs

RL 3, gesch.

Nymphalis polychloros

oben

Merkmale: Dem Kleinen Fuchs ähnlich, jedoch lockerer gemustert und mit 55–60 mm Spannweite größer als jener. **Verbreitung/Lebensraum:** In ganz Europa mit Ausnahme Kretas und Irlands findet man ihn in Parklandschaften und Obstbaumanlagen, wo er sich gerne an Baumstämmen sitzend sonnt. Im Gebirge bis 1500 m in buschigem Gelände anzutreffen. **Lebensweise/Flugzeit:** Eine einzige Generation fliegt von Juni bis September, überwintert in Scheunen u. ä. und fliegt nochmals ab April bis Mai. Dann Eiablage in Reihen um die Zweige der Nahrungspflanze, woraus Nester von bis zu 100 Raupen entstehen, die gesellig leben und zusammen weitere Futterquellen erschließen. **Raupe:** Sie trägt zahlreiche gelbe Dornen auf dem dunklen Leib; natürliche Feinde fehlen deshalb weitgehend, so daß sie früher von Obstbauern als Schädling bekämpft wurde. Heute gilt die Art in Mitteleuropa in ihrem Bestand gefährdet. Futterpflanzen sind Ulmen, Pappeln, Weiden sowie Obstbäume. Verpuppung im Juni an Ästchen.

Trauermantel

RL 3, gesch.

Nymphalis antiopa

unten

Merkmale: Samtiger, rötlich-schwarzer Grundton mit cremefarbenem Saum und einer zweiten, schwarz gefaßten, blau gekernten Saumreihe; Vorderflügelkanten weiß durchsetzt. Spannweite 60–70 mm. **Verbreitung/Lebensraum:** Fluß- und Teichufer, baumbestandene Areale. Insgesamt seltener geworden, aber trotzdem beständig in weiten Teilen besonders des südlichen Europas; in einigen Mittelmeerländern gleichwohl fehlend. **Lebensweise/Flugzeit:** Ende Juli bis September und folgendem April bis Juni. Die Eier werden von den überwinternden Faltern ab Mai in Ringform um Zweige der Nahrungsbäume gelegt. **Raupe:** Etwa 50 mm lang, schwarz, mit einer Reihe rötlicher Flecke; stachlig bewehrt. Gesellig auf Futterpflanzen wie Weide, Birke und Ulme lebend. Puppen hängen an der Wirtspflanze; die Falter schlüpfen nach drei Wochen. Der Trauermantel ist in Mitteleuropa deutlich seltener geworden.

Tagpfauenauge

Inachis io

oben Oberseite, Mitte Raupen
unten links Puppe, rechts Unterseite

Merkmale: Spannweite 50–60 mm, die Weibchen sind meist etwas größer als die Männchen. Schimmernd rostrote Grundfärbung mit braunen Säumen. Jeder Flügel trägt einen großen, mehrfarbigen, kokardenartigen Augenfleck, am Vorderflügel mit asymmetrisch rotem, am Hinterflügel mit rundlich blauem Zentrum (Name!). Die Vorderflügel weisen zudem meist noch eine Reihe weißer Tupfen auf. Die Flügelunterfläche ist schwarzbraun schattiert, was die Tarnung erleichtert. Der plötzliche, von Raschelgeräuschen begleitete Wandel vom »unsichtbaren« Tarnzustand zu einem »Gesicht« mit großen »Augen« soll Raubfeinde wie Vögel und Eidechsen abschrecken.
Verbreitung/Lebensraum: Überall in Mitteleuropa bis zum 60. Breitengrad und bis 2500 m Höhe anzutreffen. Fehlt auf Kreta und im äußersten Norden Europas. Das Tagpfauenauge ist z. B. über Blumenwiesen, in städtischen Anlagen, in Gärten, Buschgelände oder an Waldsäumen zu beobachten.
Lebensweise/Flugzeit: In warmen Jahren als Frühlingsbote, meist jedoch von April bis Mai und Ende Juni bis September fliegend. Eine Generation, die als Falter überwintert. Im wärmeren Gegenden und im Süden zwei Generationen. Häufig zieht es das Tagpfauenauge zum Schmetterlingsstrauch (Buddleja) und anderen Zierpflanzen; besonders die junge Generation sucht Gartenanlagen auf. Die Weibchen legen die Eier in Gruppen auf die Unterseite von Brennesselblättern ab, woraus die Raupen nach zwei Wochen schlüpfen.
Raupe: Etwa 42 mm lang, schwarz, mit Stacheln bewehrt, Bauchbeine bräunlich. Geselliges Zusammenleben im Blättergespinst bis zur letzten Häutung, danach Vereinzelung. Futterpflanze ist die Brennessel. Erste Generation Mai bis Juni, zweite Generation Juli bis August. Die Raupen werden von bestimmten Fliegen und Schlupfwespen parasitiert. Die Puppen hängen an Pflanzenstengeln; die Falter schlüpfen nach etwa 14–18 Tagen in der Morgendämmerung. Sie paaren sich im folgenden Frühjahr.
Das Tagpfauenauge ist neben Kohlweißling und Kleinem Fuchs wohl unser häufigster Tagfalter.

C-Falter, Weißes C

gesch.; oben Oberseite, Mitte Unterseite unten links Raupe, rechts Puppe

Polygonia c-album

Merkmale: Braunorange mit dunklen Flecken und Säumen; vom Kleinen Fuchs vor allem durch die bogig-gezackten, schmalen Vorderflügel mit einer Spannweite von 42–50 mm und durch ein silbrigweißes, C-förmiges Zeichen auf den dunklen, rindenfarbenen Flügelunterseiten (Name!) zu unterscheiden. Im übrigen sehr vielfältige Farbvariationen; so sind die überwinternden Falter unterseits fast schwarz. Auch die Weibchen sind meist dunkler getönt.
Verbreitung/Lebensraum: In ganz Europa und den meisten Mittelmeerregionen in Gärten, Auen, Lichtungen und an Waldrändern bis 2000 m Höhe.
Lebensweise/Flugzeit: Zwei Generationen; die erste von Ende Juni bis Ende Juli, die zweite von Mitte August bis September und – nach dem Überwintern – ab März fliegend. Das Weiße C besucht im Frühjahr gern Weidenkätzchen. Die Männchen warten an Waldrändern auf Sträuchern sitzend auf die Weibchen. Diese legen ihre Eier im Mai in Grüppchen auf die Blattoberseiten von Brennesseln.
Raupe: Im Aussehen an weißlichen Vogelkot erinnernd und dadurch getarnt; einzeln lebend. Ihre Futterpflanzen sind Brennessel, gelegentlich auch Hopfen und Hasel. Die metallisch glänzende Stürzpuppe hängt kopfüber an den Stengeln der Futterpflanzen.

Landkärtchen

Araschnia levana

oben Oberseiten, Mitte Unterseiten
links jeweils Frühjahrsform, rechts Sommerform
unten links Raupen, rechts Puppe

Merkmale: Spannweite 30–40 mm. Die Sommergeneration ist dunkel gefärbt und weist halbkreisförmig über alle Flügel hinziehende, breite weiße und feine orange Bänder auf; sie erinnert dadurch an den Kleinen Eisvogel (S. 52/53). Die Frühjahrsform ist dagegen aufgrund anderer Entwicklungsbedingungen (Winterkälte) hell in Orangetönen gefärbt, die durch bogenförmige schwarze Fleckenreihen und weiße Einlagen ein gesprenkeltes Bild abgeben; sie erinnert eher an den Kaisermantel (nächste Doppelseite). Die Unterseite zeigt feine Linienführungen, die dunkle und helle Felder wie Straßen durchschneiden (Name!).

Verbreitung/Lebensraum: In Zentraleuropa weit verbreitet; fehlt aber an der Nordseeküste, in England und Nordeuropa sowie in weiten Teilen der Mittelmeerländer. Man trifft das Landkärtchen an Bachufern, in Waldschneisen und feuchten Laubwäldern, nicht über 1000 m.

Lebensweise/Flugzeit: Von Tageslänge und Temperatur während der Entwicklung abhängig entstehen aus sommerschlüpfenden oder überwinternden Puppen Falter mit unterschiedlichen Farbkleidern (Saisondimorphismus). Sie lassen sich auch experimentell erzeugen. Flugzeiten sind Ende April bis Mitte Juni und Mitte Juli bis August. Die Eier werden in Türmchen von 6–15 Exemplaren auf die Unterseite von Brennesselblättern gestapelt (s. Foto Mitte rechts).

Raupe: Die schwarze, fein orange gezeichnete Raupe lebt gesellig, später einzeln auf der Futterpflanze, der Brennessel. Die strenge Bindung an diese einzige Futterpflanze bezeichnet man als Monophagie. Bevorzugt werden schattig stehende Brennesseln. Die typische Stürzpuppe hängt an den Pflanzenstengeln und überwintert. Die Art ist nur noch stellenweise häufig.

Kaisermantel

Argynnis paphia

gesch.; oben Männchen
Mitte Weibchen, unten Raupe

Merkmale: Flügelspannweite 58–70 mm. Ein Perlmutterfalter, dessen Flügeloberseite orangebraun oder, bei einem Teil der Weibchen, olivebraun gefärbt ist. Die Unterseite hingegen schimmert in hellen silbrigen Strichen. Beide Geschlechter tragen oberseits zwei bis drei Reihen dunkler Punkte; die Männchen auf den Vorderflügeln zusätzlich noch vier dunkle Striche, die aus Duftschuppen bestehen.
Verbreitung/Lebensraum: Ganz Mitteleuropa mit Ausnahme Kretas und Südspaniens. Man findet den Kaisermantel an Distelblüten, Brombeeren und Himbeeren in Schonungen, Waldlichtungen, auf Waldwiesen und an Wegen bis in 1000 m Höhe. In offenem Gelände sieht man ihn selten.
Lebensweise/Flugzeit: Eine Generation, die von Ende Juni bis Mitte September fliegt. Die Falter zeigen ein kompliziertes Balzspiel, in dessen Verlauf die Fühler des Weibchens mit den Duftschuppen auf der Vorderflügeloberseite des Männchens in Berührung kommen. Dabei wird ein chemisches Signal übertragen, welches die Weibchen paarungsbereit macht. Es legt später seine Eier entfernt von den Futterpflanzen in die Rinde von Bäumen ab, wo die winzigen Jungraupen überwintern.
Raupe: Etwa 38 mm lang, schwarz, mit gelben bis gelborangen, mehrfach schwarz durchmusterten Längsstreifen. Das erste Körpersegment trägt dunkelgelbe Dornen, alle anderen Dornen sind kürzer und heller. Die Längsseiten aller Segmente zeigen kleine gelbe Pünktchen. Die überwinterten Räupchen klettern im Frühjahr ihren Baumstamm hinab, um ihre Futterpflanze zu finden, bei der sie sich jedoch, im Gegensatz zu anderen Arten, nicht ständig aufhalten. Futterpflanzen sind vor allem Veilchen, teilweise auch Himbeeren, die meist nachts besucht werden. Verpuppung Ende Mai; die Stürzpuppe hängt an der Futterpflanze, wo die Falter nach zwei bis drei Wochen schlüpfen.
Der Kaisermantel kann in günstigen Jahren recht häufig auftreten.

Großer Perlmutterfalter

gesch.; oben Oberseite
unten links Unterseite

Argynnis aglaja

Merkmale: Mit einer Flügelspannweite von 50–57 mm ist der Große Perlmutterfalter deutlich kleiner als der Kaisermantel (s. vorige Doppelseite), dem er jedoch im übrigen durch seine orangebraune Farbe und die schwarze Punkt- und Linienzeichnung oberseits stark ähnelt. Unterscheidungsmerkmal ist die grünlich schattierte Unterseite der Hinterflügel mit zahlreichen, perlmuttartig schimmernden Silberflecken (Name!). Die Zeichnung der Oberseite ist zudem konstrastreicher und die Vorderflügel sind rundlicher. **Verbreitung/Lebensraum:** Vom Mittelmeer bis zum Nordkap verbreitet; im Gebirge bis zur Baumgrenze anzutreffen. Man findet ihn an den gleichen Orten wie den Kaisermantel, d. h. an Waldrändern, auf Lichtungen und Waldwiesen. **Lebensweise/Flugzeit:** Die Falter fliegen in einer Generation von Mitte Juni bis Mitte August. Sie saugen gerne an Distelblüten. Ihre 18-fach gerippten Eier legen die Weibchen einzeln an Blätter und Stengel von Veilchen. **Raupe:** Schwarz, mit gleichfarbigen Stacheln und roten Flecken unter den Stigmen (Atemöffnungen). Die Jungraupen fressen die Eischale und richten sich danach sogleich zur Überwinterung ein. Von März bis Juni des folgenden Jahres fressen sie dann an ihren Nahrungspflanzen. Futterpflanze sind Veilchen und Wiesenknöterich. Die Puppen hängen in einem Quartier aus zusammengesponnenen Blättern und entlassen die Falter nach etwa 30 Tagen.

Kleiner Perlmutterfalter

gesch.
unten rechts Unterseite

Argynnis lathonia

Merkmale: Spannweite 40–45 mm, die Weibchen dabei etwas größer. Kräftig orangebraune Flügeloberseite mit kantenwärts dunkler Fleckung und mehreren Reihen dunkler Punkte, deren Zeichnung feine, doppelreihige Saumlinien abschließen. Die Hinterflügel sind vielfach dunkel bestäubt; ihre blassere Unterfläche zeigt etwa 25 perlmuttartig schimmernde Silberflecke (Name!), zwischen die symmetrisch mehrere kleine Augenflecke eingeschoben sind. **Verbreitung/Lebensraum:** Der Wanderfalter zieht jedes Jahr aus Südeuropa herauf und ergänzt damit den geringen Bestand überwinternder Exemplare im nördlicheren Europa. Die Art bevorzugt sandige Flächen und Trockenrasen oder Heiden, in denen wilde Stiefmütterchen oder andere Veilchen-Arten zu Hause sind. Insgesamt seltener geworden. **Lebensweise/Flugzeit:** Die Falter der ersten von zwei Generationen treffen im April ein, die zweite Generation fliegt von Mitte Juli bis Mitte September. Sie besuchen in raschem Flug Disteln, Flockenblumen und Blüten anderer Pflanzen. Die Weibchen legen bis zu 100 Eier am Unterrand der Blätter und Blüten der Wirtspflanzen ab. **Raupe:** Etwa 35 mm lang; schwarz mit weißer und brauner Zeichnung, einer zweireihigen weißen Rückenlinie und schwarzen Dornen. Ihre Futterpflanzen sind Veilchen, Brombeere, Esparsette, Ochsenzunge u. ä. Die goldbraune Puppe hängt an der Wirtspflanze.

Braunfleck-Perlmutterfalter

gesch.

Argyronome (Clossiana) selene

oben Unterseite

Merkmale: Flügelspannweite 35–40 mm. Oberseite rotbräunlich, mit klarer schwarzer Streifen- und Punktmusterung. Die Unterseite ist aus hellen, silbrigen und dunklen Feldern bunt zusammengesetzt, wobei viele Felder durch dunkle Umrandung kontrastiert werden. Echte perlmutterschimmernde Silberflecke fehlen allerdings. **Verbreitung/Lebensraum:** In ganz Europa anzutreffen, im Mittelmeergebiet und Irland jedoch rar. Der Falter mag trockene Lichtungen, feuchte Waldwiesen, Auen und buschiges Gelände bis hinauf in 2400 m Höhe. **Lebensweise/Flugzeit:** Von Ende Mai bis Anfang Juli, manchmal auch im Spätsommer besuchen die Falter die Blüten diverser Pflanzen. Das Weibchen legt seine Eier einzeln auf die Unterseite von Veilchenblättern. **Raupe:** Sie schlüpft nach zehn Tagen, wobei ein Teil sich sofort zur zweiten Generation weiterentwickelt, deren Raupen wie die der ersten Generation in zusammengerollten Blättern überwintern. Im Frühling existieren damit zwei Generationen nebeneinander! Der Leib ist braunrosa mit kleinen Flecken, Haaren und Stacheln, der Kopf schwarz. Futterpflanzen sind Veilchen-Arten und Heidelbeere. Verpuppung im Mai.

Roter oder Feuriger Scheckenfalter

RL 3, gesch.

Melitaea didyma

Mitte Unterseite, unten Oberseite

Merkmale: Spannweite bis 40 mm, wobei die Weibchen größer sind. Rotbräunliche Oberseite mit schwarzen Punktreihen und schwarzen Säumen; die Unterseite ist heller und zwischen den Punktreihen dunkler gebändert. Die Weibchen sind sehr variabel gefärbt, die Palette reicht von fahlgelben Typen bis zu fast schwarzen Exemplaren. **Verbreitung/Lebensraum:** Verbreitet in ganz Europa, vermehrt im Süden. Dieser Falter ist an Hügelgebiete mit Wiesen gebunden, auf denen die Futterpflanzen vorkommen, die allerdings recht vielfältig sind. **Lebensweise/Flugzeit:** Von Mai bis August in einer bis drei Generationen fliegend. **Raupe:** Bis 28 mm lang, weiß, mit schwarzen Linien und zwei Reihen oranger Rückenflecke um jeweils einen Stachel. Kopf braun. Futterpflanzen sind Wegerich, Löwenmäulchen, Ehrenpreis u. a. Die Raupen der zweiten oder dritten Generation überwintern und verpuppen sich im kommenden Jahr.

Wachtelweizen-Scheckenfalter, Gewöhnlicher Scheckenfalter

gesch.

Melitaea athalia

oben Oberseite, unten Unterseite

Merkmale: Flügelspannweite 35–40 mm. Die Schmetterlingsart ist schwer zu bestimmen, da sich alle Scheckenfalter ähneln. Typisch sind Reihen heller Binden mit schwarzen Abgrenzungen und schwarz-weiß gescheckte Flügelkanten. Die hellere Unterseite mit ihren weiß, gelb und orange ausgelegten, dunkel gefaßten Bögen erinnert an Bleiverglasungen.

Verbreitung/Lebensraum: In ganz Europa bis nach Sibirien verbreitet. Im Gebirge bis 2000 m. Die Falter tanzen an Waldrändern, gaukelnd um Blüten, wo man sie oft in mehreren Exemplaren antrifft.

Lebensweise/Flugzeit: Die einzige jährliche Generation fliegt von Mai bis August. Die Weibchen legen ihre Eier haufenweise an die Blattunterseite der Wirtspflanzen ab.

Raupe: Schwarz, mit fein rot-weiß gemusterten Scheindornen, etwa 24 mm lang. Sie leben gesellig in Gespinsten an der Futterpflanze, worin sie auch überwintern. Ihre Futterpflanzen sind Wachtelweizen, Wegerich, Fingerhut u. a. Verpuppung Ende April an der Wirtspflanze. Recht selten geworden.

Mauerfuchs

gesch.

Lasiommata megera

oben Oberseite, unten Unterseite

Merkmale: Flügelspannweite 42–50 mm. Orangebraune Oberseite; die Vorderflügel mit einem, die Hinterflügel mit zwei bis drei schwarzen, weißgekernten Augenflecken versehen. Ähnliche, blassere Flecke finden sich auch an der graubraun melierten Unterseite, die eine Tarnung in trockenem Laub ermöglicht. Netzartige dunkle Zeichnungen ziehen über alle Flügel hin, deren Ränder bogig gesäumt sind.

Verbreitung/Lebensraum: Abgesehen vom äußersten Norden in ganz Europa verbreitet. Er liebt steinige Hänge, Felsen und Mauern, aber auch Feldraine, wo er sich gerne sonnt. Noch in Höhen bis 1500 m beobachtet.

Lebensweise/Flugzeit: Der wachsame männliche Falter verteidigt in den drei Wochen seiner Lebenszeit sein Revier gegen Artgenossen. Bei Gefahr klappt er die Flügel zusammen und wendet den Feinden die Schmalseite zu, die sich kaum vom Untergrund unterscheiden läßt. Zwei Generationen fliegen von Mai bis Juni und von Juli bis September. Ein Weibchen legt etwa 60 Eier einzeln an Nahrungsgräser ab.

Raupe: Bläulich-grün mit weißen Längsstreifen, blasse Schwanzgabel. Die Raupen fressen meist nachts. Die späte Generation überwintert und verpuppt sich im folgenden Frühjahr. Futterpflanzen sind Wildgräser.

Waldbrettspiel

oben Oberseite, unten Unterseite

Pararge aegeria

Merkmale: Spannweite 38–45 mm. Dunkelbraune Grundfärbung mit einem Kranz heller Flecken, die Lichtinseln in schattigem Gelände imitieren. Auf den Ober- und Unterseiten der Vorderflügel je ein weißgekernter, schwarzer Augenfleck, auf den Hinterflügeln je drei ebensolche Zeichnungen.
Verbreitung/Lebensraum: Ganz Mitteleuropa, nach Norden rarer werdend, bis in 1200 m Höhe. Lebensraum sind Halbschattenzonen in lichten Wäldern.
Lebensweise/Flugzeit: Das Waldbrettspiel dürfte erst vor etwa einem Jahrhundert in den Norden eingewandert sein. Findet ein männlicher Falter ein günstiges Gebiet unter einem lichtdurchfluteten Blätterdach, so bleibt er am Standort und verteidigt ihn vehement gegen Eindringlinge. Der Revierinhaber ist meist erfolgreich und verbessert damit seine Chancen, ein Weibchen zu finden. Die Reviere sind auch der Ort der Balz und Begattung. Gleichzeitig erlauben sie eine optimale Tarnung, wenn die Falter am Boden sitzen und an feuchtem Kot oder an Blüten saugen. Flugzeit ist von Mitte April bis Mitte Juni und von Juli bis Mitte September in zwei Generationen. Die kugelförmigen Eier werden einzeln an Halme und Blättchen der Wirtspflanze geheftet.
Raupe: Bis 27 mm lang; gelbgrün mit dunkelgrünen und weißen Längsstreifen, hellen Seitenlinien, weißer Schwanzgabel und bläulichem Kopf. Futterpflanzen sind Rispengras, Knäuelgras und Quecke. Überwinterung als Raupe oder Stürzpuppe.

Großer Mohrenfalter, Milchfleck

gesch.

Erebia ligea

oben Oberseite, unten Unterseite

Merkmale: Spannweite etwa 50 mm. Samtig braune Oberfläche mit hervortretendem Aderngeflecht; in zahllosen Varianten mit rötlichen Arealen oder bogigen Binden und darin eingelagerten schwarzen, hellgekernten Augenflecken. In Mitteleuropa kommen etwa 20 Mohrenfalter-Arten vor, die schwer zu unterscheiden sind.
Verbreitung/Lebensraum: Die Mohrenfalter sind typische Hochgebirgsspezialisten. Ihr dunkle Grundfärbung dient der raschen Erwärmung in der Sonne. Der Große Mohrenfalter gehört mit dem Wald-Mohrenfalter *(Erebia aethiops)* und dem Rundaugen-Mohrenfalter *(Erebia medusa)* zu den Ausnahmen, die auch in tieferen Lagen des Berglands anzutreffen sind. Die Falter suchen nasse Wiesen und feuchte Waldregionen auf.
Lebensweise/Flugzeit: Eine Generation, die von Juli bis Mitte August fliegt; besucht gerne Blüten, um Nektar aufzunehmen.
Raupe: Hinten spitz auslaufend; grün, mit braunem Kopf. Sie überwintert (gelegentlich zweimal) an Gräsern, lebt bei Tag versteckt, z. B. unter Steinen. Futterpflanzen sind Waldgräser. Die Puppen liegen am Boden.

Schachbrett

gesch.

Melanargia galathea

oben Oberseite, unten Unterseiten

Merkmale: Spannweite 42–52 mm, Weibchen etwas größer als Männchen. Auf der Flügeloberseite deutlicher als auf der Unterseite symmetrisch schwarz-weiß gezeichnet (Name!). Die Flügelunterseite zeigt Augenflecke; sie ist beim Weibchen gelblicher als beim Männchen. Körper dunkel.

Verbreitung/Lebensraum: In großen Teilen Europas anzutreffen; fehlt jedoch in der Norddeutschen Tiefebene und Skandinavien, sowie in Südfrankreich und Spanien. In der Wahl des Lebensraums ist die Art nicht heikel. Bevorzugt werden trockene Wiesen, Feldraine, Böschungen, Brachfelder, Waldlichtungen und Waldwege (bis etwa 2000 m Höhe); am häufigsten in Süddeutschland und im gesamten nördlichen Alpenvorland.

Lebensweise/Flugzeit: Eine Generation Ende Juni bis August. Besonders in den Mittagsstunden sieht man die Falter im Brutgebiet gemächlich herumflattern. Das Weibchen läßt die Eier im Flug fallen; die Jungraupen suchen sich selbst die Futterpflanzen.

Raupe: Grün, Kopf und Schwanzgabel bräunlich. Die Raupen schlüpfen im September, überwintern und beginnen im Frühjahr (nur nachts) zu fressen. Futterpflanzen sind Lieschgras, Knäuelgras, Schafschwingel und andere Gräser. Verpuppung am Boden in der Nähe der Futterpflanzen.

Weißer Waldportier

RL 2, gesch.

Kanetisa (Brintesia) circe

oben Oberseite, unten Unterseite

Merkmale: Mit einer Flügelspannweite von 70–78 mm einer unserer größten Tagfalter. Ein dunkelbrauner Falter mit weißer Binde, die zunächst flekig aufgelöst, nach hinten aber als zusammenhängendes Band über beide Flügel verläuft. Auf Ober- und Unterseite der Vorderflügel findet sich ein Augenfleck, der in die weiße Binde eingelassen scheint. Die Unterflächen sind im übrigen erdfarben meliert und erlauben eine gute Tarnung zwischen Laub oder auf Baumrinde.

Verbreitung/Lebensraum: Nördlich der Alpen selten, in Südeuropa noch häufiger. Der große Falter lebt auf Laubwaldwiesen und an den Rändern lichter Eichenwälder.

Lebensweise/Flugzeit: Der Weiße Waldportier sitzt meist mit geschlossenen Flügeln an Baumstämmen oder auf Bodenerhebungen. Wird er gestört, so flieht er rasch aus dem Blickfeld des Beobachters und tarnt sich erneut. Er saugt gerne an Obst oder Blüten. Die Weibchen lassen ihre Eier frei zu Boden fallen. Nur eine Generation, die von Juli bis September fliegt.

Raupe: Blaßbraun gestreift, mit dunkler Rückenlinie, am Hinterende eine Schwanzgabel tragend. Sie frißt ausschließlich nachts. Futterpflanzen sind verschiedene, trockene Gräser. Die im September schlüpfenden Jungraupen überwintern und verpuppen sich im Folgejahr. Die braunen Puppen weisen an den Flügelscheiden weißliche Zeichnungen auf.

Ochsenauge

Maniola jurtina

oben Oberseite Weibchen
Mitte Unterseite Männchen, unten Unterseite Weibchen

Merkmale: Spannweite 42–50 mm, Männchen kleiner als Weibchen und dunkler gefärbt. Flügelober- und Unterseite tragen den schwarzen Augenfleck mit weißem Mittelpunkt, der den Namen prägte. Dort befindet sich beim Weibchen oberseits eine orangebraune, hellere Binde, die den Augenfleck umfließt; diese orange Binde fehlt dem Männchen.
Verbreitung/Lebensraum: Vom Flachland bis in Höhen um 1800 m, in ganz Europa häufig, in freiem Gelände und Grünanlagen anzutreffen.
Lebensweise/Flugzeit: Eine, manchmal zwei Generationen, die von Juni bis August bzw. September bis Oktober auch bei bedecktem Himmel und Sprühregen fliegen. Salzhaltiger Schweiß lockt das Ochsenauge an, so daß es manchmal auf Armen und Beinen von Menschen landet. Die Eier werden an Gräsern abgelegt oder einfach fallengelassen.
Raupe: Bis 25 mm lang, hinten verjüngt, grün mit weißlichen Haaren. Frißt auch an milden Wintertagen an Rispengräsern und versteckt sich dann wieder im Laub. Die Puppen werden im Mai an Halme gesponnen; die Falter schlüpfen nach 25 Tagen.

Kleines Wiesenvögelchen, Kleiner Heufalter

gesch.

Coenonympha pamphilus

oben Unterseite

Merkmale: Spannweite 24–30 mm. Die Oberseiten beider Flügel sind ebenso wie die Unterseite der Vorderflügel zart orange gefärbt, wobei letztere manchmal eine zartgelbe Binde trägt. Die Musterung der Hinterflügel-Unterseite beginnt körpernah in grauem Ton, der fächerförmig in helle, oft dezente Augenflecke tragende Flächen ausläuft. Dunkle Augenflecke finden sich an den Spitzen beider Seiten der Vorderflügel. **Verbreitung/Lebensraum:** Einer der häufigsten Tagfalter Mitteleuropas, der sich überall in offenem Gelände, auch an Meeresküsten zeigt. In den Alpen wurde er bis in Höhen von 1800 m gesehen. **Lebensweise/Flugzeit:** Dicht über Gräsern flattert der Kleine Heufalter träge umher oder läßt sich an Halmen nieder. An Blüten wird er selten beobachtet. Drei kaum zu unterscheidende Generationen fliegen von Mai bis September. Die Eier dieser Art findet man an der Basis verschiedener Gräser. **Raupe:** Sie schlüpft nach etwa zwei Wochen, ist spindelförmig, grün, mit gelblich-weißer Längsstreifung und heller Schwanzgabel. Die Herbstgeneration frißt auch an milden Wintertagen; vorwiegend nachts. Futterpflanzen sind diverse Gräser, an denen auch die Puppen hängen, aus denen die Falter nach rund 30 Tagen schlüpfen.

Brauner Waldvogel, Schornsteinfeger

gesch.

Aphantopus hyperantus

Mitte Oberseite, unten Unterseite

Merkmale: Flügelspannweite 40–48 mm. Unterschiedlich intensive dunkelbraungraue Färbung mit verschieden vielen schwarzen Augenflecken, die auf den Flügelunterseiten weißgekernt und gelb umrahmt sind. **Verbreitung/Lebensraum:** In einem west-östlichen Gürtel über Zentraleuropa verbreitet, im Norden und am Mittelmeer seltener. In den Alpen und in den Pyrenäen bis 1500 m Höhe zu finden. Seine Lebensräume sind feuchte Wiesen, Waldschneisen und Hecken. **Lebensweise/Flugzeit:** Die Falter sitzen gerne mit zusammengefalteten Flügeln auf Gräsern oder Brombeerblüten. Sie fliegen in einer Generation von Juni bis August (auch bei trübem Himmel oder Nieselregen) in typischer, ruhiger Weise. Die Weibchen lassen die Eier im Flug fallen. **Raupe:** Etwa 20 mm lang, nach hinten verschmälert, hellbraun, mit Borsten, einer dunklen Rückenlinie und weißen Linien unterhalb der Stigmen (Atemöffnungen). Die Raupen suchen sich ihre Futterpflanzen unter vielfältigen Gräsern. Sie überwintern; an warmen Wintertagen fressen sie sogar. Als nachtaktive Art verbergen sie sich tagsüber unterhalb der Nahrungspflanzen. Auch die Puppen liegen versponnen dort am Boden; die Falter schlüpfen nach etwa 14 Tagen.

Hauhechel-Bläuling

gesch.

Polyommatus icarus

oben Oberseite Männchen, unten Unterseiten

Merkmale: Flügelspannweite 22–28 mm. Männchen oberseits blau, mit weißem Saum; Weibchen braun oder blau, mit orangem, dunkel gepunktetem Arkadensaum. Die Unterseite beider Geschlechter ist pastellfarben blau bis braungrau getönt, mit wappenförmigen Saumreihen, verteilten Fleckchen und weißem Rand. Die Unterseite des Weibchens ist mehr bräunlich und mit kräftigen Zeichnungen. Man kann sie gut beobachten wenn der Falter abends kopfunter an Grashalmen ruht.

Verbreitung/Lebensraum: Der häufigste Bläuling Mitteleuropas; überall auf Wiesen, Heide, über Kalkböden, bis in 2400 m Höhe an Schmetterlingsblütlern zu finden.

Lebensweise/Flugzeit: Zwei oder drei nicht scharf unterscheidbare Generationen fliegen von Mai bis September. Hauhechel-Bläulinge paaren sich in charakteristischer Weise mit entgegengerichteten Körpern auf Blüten sitzend. Die scheibenförmigen Eier werden einzeln auf die Oberseiten von Blättern der Futterpflanze abgelegt.

Raupe: Knapp über 10 mm lang, dick, grün, Kopf schwarz, mit vier grünweißen Längslinien. Die letzte Generation überwintert halbausgewachsen an der Basis der Futterpflanze, um im Frühjahr an Knospen und Blüten zu fressen. Nahrungspflanzen sind Hornklee, Hauhechel, Klee und andere Schmetterlingsblütler. Die grünen, dicken Puppen ruhen an der Basis der Futterpflanzen; die Falter schlüpfen nach etwa zwei Wochen.

Himmelblauer Bläuling

gesch.

Polyommatus bellargus

oben Männchen, Mitte Weibchen

Merkmale: Spannweite 27–32 mm. Männchen mit leuchtend blauer, Weibchen mit brauner, manchmal blau getönter Oberseite; die Unterseite bei beiden Geschlechtern graugelb, fächerförmig gegliedert, mit mehreren weißumringten Augenflecken und weißen Einlagen. Flügelkanten schwarzweiß gesäumt. **Verbreitung/Lebensraum:** In Mitteleuropa bis zum 55. Breitengrad; im Süden häufiger. Diese Art bevorzugt spärlich bewachsene Kalk- und Sandböden, Steppen und warme Hänge. In den Alpen findet man sie bis in Höhen um 2000 m. **Lebensweise/Flugzeit:** Zwei Generationen fliegen von Mai bis Juni und von Juli bis September. Da sie zum Leben Salze benötigen, saugen sie gerne an Jauchelaken oder Dünger, so daß man sie oft zu mehreren am Boden sieht. Die scheibenförmigen, grünen Eier werden einzeln an die Unterseite von Wirtspflanzen abgelegt. **Raupe:** Dunkelgrün mit gelben Längsstreifen. Sie lebt in Zweckgemeinschaft mit Ameisen, die sie vor Feinden schützen und dafür von der Raupe mit einem süßen Körpersaft versorgt werden. Die zweite Generation überwintert. Futterpflanzen sind Hufeisenklee, Kronwicke und andere Schmetterlingsblütler. Die Puppe entwickelt sich am Boden.

Brombeerzipfelfalter

gesch.

Callophrys rubi

unten Unterseite

Merkmale: Flügelspannweite 24–28 mm. Die Oberseite ist braun, beim Männchen dunkler und mit einem Duftschuppenfleck auf den Vorderflügeln versehen, der bei der Geschlechterwerbung eine Rolle spielt. Die namengebenden Zipfel an den Hinterflügeln sind relativ schwach ausgebildet. Unverwechselbar ist die grüne Unterseite, die mit fein weiß-braun linierten Säumen gefaßt ist. Fühler und Beine sind weiß-schwarz geringelt. **Verbreitung/Lebensraum:** Von Ostasien bis Europa verbreitet; Verwandte gibt es sogar in Nordamerika. Man findet den Falter bevorzugt in sonnigen Kiefernwäldern und über trockenen Heiden und Hängen. In den Alpen tritt er bis in 2000 m Höhe auf. **Lebensweise/Lebensraum:** In warmen Jahren gibt es zwei Generationen; gewöhnlich fliegt eine Generation von Mitte April bis Juni, die zweite von Juli bis August. Der Falter verteidigt ein Revier gegen Eindringlinge, wobei ihm die grüne Tarnfarbe bei zusammengeklappten Flügeln nützlich ist. Die Eier legt das Weibchen einzeln an die Nahrungspflanzen; nach einer Woche schlüpfen die Raupen. **Raupe:** Etwa 15 mm lang, dick, grün, mit dunkelgrünen und gelben Linien und weißlicher Stigmalinie. Futterpflanzen sind Brombeere, Besenginster, Stechginster, Heidelbeere, Kreuzdorn u. a. Verpuppung an der Basis der Wirtspflanze; die Puppen überwintern und stoßen bei Gefahr zirpende Geräusche aus.

Dukaten-Feuerfalter

RL 3, gesch.; oben Oberseite Männchen

Heodes virgaureae

Mitte links Oberseite Weibchen, unten links Unterseite

Merkmale: Spannweite 27–32 mm. Oberseite leuchtend orange, mit schwarzen, weißgeränderten Säumen, beim Weibchen mit Reihen schwarzer Punkte. Die Flügelunterseite zeigt Serien weißer Flecke, wodurch eine Unterscheidung zu anderen Feuerfaltern, z. B. dem Kleinen Ampfer-Feuerfalter *(Palaeochrysophanus hippothoe)* möglich wird. **Verbreitung/Lebensraum:** In ganz Mitteleuropa außer in den Niederlanden, in Spanien und Portugal nur vereinzelt. Bevorzugt werden Blumenwiesen, Moore und feuchte Waldränder; in den Alpen bis in 2400 m Höhe. **Lebensweise/Flugzeit:** Eine einzige Generation fliegt zwischen Mitte Juni und Ende August, dem Zeitpunkt, an dem das Weibchen seine graugrünen, von Grübchen übersäten Eier einzeln an die Nahrungspflanzen heftet. **Raupe:** Überwintert als Räupchen im Ei. Die Raupe ist asselförmig, dunkelgrün, mit gelblichen Seiten- und Rückenstreifen und hat einen dunklen Kopf. Ihre Futterpflanzen sind verschiedene Ampfer-Arten. Die bräunliche Puppe weist dunkle Punkte auf.

Kleiner Feuerfalter

gesch.

Lycaena phlaeas

Mitte rechts Oberseite, unten rechts Unterseite

Merkmale: Spannweite 22–28 mm; die Weibchen sind größer. Vorderflügel oben orangerot, mit schwarzen Säumen und ebensolchem Fleckenspiel. Ihre Unterseite blasser, fächerförmig gegliedert, mit zahlreichen gelblich-weiß umrandeten, dunklen Augenflecken. Die Oberseite der Hinterflügel ist dunkelbraun, oft von einer Reihe blauer Flecke gesäumt und durch einen schwarz gepunkteten, orangen Randstreifen gefaßt. Ihre Unterseite ist ockerfarben bis braun und trägt viele dezente, jedoch klar gezeichnete Augenflecke, auch in der Saumreihe. **Verbreitung/Lebensraum:** In Mitteleuropa von der Küste bis in 2000 m Höhe. Lebensraum dieser Falter sind trockene Wiesen und Parkanlagen, Waldränder und Heiden. **Lebensweise/Flugzeit:** Zwei bis drei kaum unterscheidbare Generationen fliegen von Mai bis September. In Gebieten, die er für sich beansprucht, duldet der Kleine Feuerfalter keine anderen Schmetterlinge, sondern vertreibt sie. Die Eier der Weibchen ähneln im Aussehen einem winzigen Golfball; sie werden einzeln auf die Oberseite von Ampferblättern abgelegt. **Raupe:** Kurz und gedrungen, in der Färbung sehr variabel zwischen grünen und braunen Tönen, mit verschiedenfarbigen Längsstreifen. Ihre Futterpflanze ist Ampfer. Die Raupen (selten auch die Eier) überwintern. Die Puppe ist mit einem Faden und einem Kissen aus Seide an einem Stengel der Wirtspflanze befestigt.

Rostfleckiger Dickkopffalter

Ochlodes venatus oben Männchen, unten Weibchen

Merkmale: Spannweite 27–35 mm. Dem Kommafalter *(Hesperia comma)* sehr ähnlich. Auf den Flügelunterseiten fehlen jedoch die silbrigen Flecke, es finden sich nur gelbliche Fleckenzeichnungen. Der kommaförmige Duftschuppenstrich auf den Vorderflügeln des Männchens ist ebenfalls vorhanden, aber im Flügelniveau eingebettet und nicht erhaben wie beim Kommafalter.
Verbreitung/Lebensraum: Vor allem im zentralen Mitteleuropa vorkommend; in Skandinavien, Irland, Schottland und im Mittelmeerbereich hingegen kaum oder gar nicht vorhanden. Seine Lieblingsplätze sind Waldwiesen und Waldränder.
Lebensweise/Flugzeit: Eine Generation fliegt von Ende Mai bis Mitte August. Reviere werden von erhöhten Aussichtspunkten aus überwacht und gegen eindringende Artgenossen verteidigt. Duftschuppen auf den Flügeln der Männchen und Riechorgane (Apicula) an den Fühlern der Weibchen helfen auch dieser Art bei der Brautwerbung. Zur Begattung rücken die Falter mit den Hinterleibern zusammen; man kann sie in dieser Stellung z. B. auf Blüten beobachten. Die kleinen weißen Eier legt das Weibchen einzeln an Gräsern ab; später kann man die Jungraupen durchschimmern sehen.
Raupe: Blaugrün, mit gelblicher Stigmalinie und schwarzem Kopf. Futterpflanzen sind Knäuelgras und andere Gräser.

Malven-Würfelfalter

gesch.
oben

Pyrgus malvae

Merkmale: Spannweite 18–22 mm. Dunkelbraune bis schwarze Grundfarbe mit verstreuten, klar begrenzten weißen Flecken und schwarz-weiß gescheckten Fransensäumen. Unterseite heller und unregelmäßiger gemustert. **Verbreitung/Lebensraum:** Überall in Mitteleuropa, in den Alpen bis 2000 m. Lebensräume sind Steppenheiden, Böschungen, Feldraine und Waldränder, besonders in hügeligem Gelände. **Lebensweise/Flugzeit:** Meist nur eine Generation, die von Ende April bis Juni fliegt, manchmal auch eine zweite Generation, die von Juli bis August auftritt. Die kleinen Falter flattern tief über dem Boden und besuchen Blüten. Die Eier sind vielfach gerippt; sie werden einzeln auf den Blattoberseiten der Nahrungspflanzen abgelegt. **Raupe:** Grünbraun, etwa 19 mm lang, großer, dunkler Kopf. Sie schafft sich zunächst ein schützendes Gespinst, später eine Wohnröhre aus einem zusammengerollten Blatt. Futterpflanzen sind Odermenning, Malven, Fingerkraut, Walderdbeere, Brombeere u. a. Die Puppen ruhen an der Basis der Nahrungspflanzen.

Gelbwürfeliger Dickkopffalter

unten

Carterocephalus palaemon

Merkmale: Flügelspannweite 24–32 mm. Dunkelbrauner Grundton mit vielen gelben Flecken, die sich auf beiden Flügelseiten gleichen. Die fransigen Flügelkanten sind hell meliert. **Verbreitung/Lebensraum:** Inselartiges Auftreten in einem zentraleuropäischen Gürtel; nicht in Skandinavien und am Mittelmeer. Über Schonungen, Wald- und Moorwiesen und an Waldrändern, jedoch nicht in offenem Gelände zu finden. **Lebensweise/Flugzeit:** Eine Generation, die von Anfang Mai bis Anfang Juli tief über den Gräsern fliegt und deshalb oft übersehen wird. Runde, weißgelbe Eier, die in Blattnischen von Gräsern einzeln abgelegt werden. **Raupe:** Hellgrün, mit verschieden getönten Längslinien und großem, dunklem Kopf. Futterpflanzen sind Waldzwenke, Trespen und andere Gräser. Die Raupe schafft sich aus zu Röhren gerollten und zusammengesponnenen Gräsern eine Schutzröhre. Die bräunliche Puppe ruht in einem Kokon an Wirtspflanzenstengeln.

Nonne

Lymantria monacha

oben helle Form, unten links dunkle Form
unten rechts Raupe

Merkmale: Flügelspannweite 30–48 mm. Grundfarbe weiß, mit schwarzem, gezacktem Streifen- und Fleckenmuster auf den Vorderflügeln. Auch anthrazitgraue Formen kommen vor. Hinterflügel gelblich, mit gepunkteten Säumen; der Körper ist rötlich. Die Männchen sind kleiner und tragen gefiederte Fühler. (Im Gegensatz zu vielen Tagfaltern, bei denen die Männchen anlockende Duftstoffe verbreiten, senden bei den Nachtfaltern die Weibchen Duftmoleküle aus, die noch in unvorstellbarer Verdünnung von den Geruchsorganen an den kammartigen Fühlern der Männchen wahrgenommen werden.)
Verbreitung/Lebensraum: Von Eurasien bis Skandinavien. Zu Zeiten in Massen auftretend und dann als Waldschädling in Fichten- und Kiefernwäldern gefürchtet. Kahlfraß scheint erst seit dem Anbau von Monokulturen und nicht in Mischwäldern vorzukommen.
Lebensweise/Flugzeit: Eine Generation fliegt von Juli bis Anfang September. Massenentwicklungen erfolgen in unregelmäßigen Abständen von drei bis fünf Jahren. Die Falter nehmen keine Nahrung zu sich. Die Weibchen legen ihre Eier unter Flechten oder die Rinde von Nadelbäumen in Haufen bis 100 Stück ab.
Raupe: Bis 35 mm lang, hell ockerfarben, mit dunklem Rückenstreifen und kurzen Haarbüscheln. Gleichzeitig schlüpfende Raupen bleiben einige Tage in Gespinsten am Baumstamm beisammen (in sogenannten Spiegeln); dann klettern sie in die Krone hinauf und fressen pro Raupe etwa 1000 Nadeln. Bei böigem Wind bilden sie Fäden, an denen sie sich zu anderen Wipfeln treiben lassen. Bevorzugte Futterpflanzen sind Fichte und Kiefer, aber auch Eiche und andere Bäume.

Schwammspinner

Lymantria dispar

oben Männchen
unten links Eiablage, rechts Raupen

Merkmale: Spannweite des Weibchens 45–55 mm, die des Männchens 30–40 mm. Die Weibchen sind weißlich, mit gezackten braunen Linien auf den Vorderflügeln, die Männchen graubraun, mit hellen Bändern zwischen den Zackenlinien; Hinterflügel cremefarben. Es kommen zahlreiche Farbabweichungen vor.
Verbreitung/Lebensraum: In Mitteleuropa südlich bis zum Alpenvorland, nördlich bis Mittelschweden und Südfinnland; manchmal in Massen auftretend. Lebensraum sind Laub- und Mischwälder, Parks und Obstplantagen.
Lebensweise/Flugzeit: Von Juli bis Anfang September in einer Generation fliegend. Die Männchen beginnen am frühen Nachmittag herumzuschwirren und mit Hilfe ihrer gefiederten Fühler die Duftspur von Weibchen zu suchen, die an Baumstämmen sitzen oder träge umherflattern. Die Weibchen legen ihre 300–800 Eier auf einmal, indem sie diese an Baumstämme kleben. Dabei bleiben Hinterleibshaare daran haften, die das Gelege bedecken und ihm ein schwammähnliches Aussehen geben (Name!). Die Falter nehmen keine Nahrung auf.
Raupe: Bis 50 mm lang, bräunlich, mit roten und blauen Wärzchen mit Haarbüscheln; Kopf hellbraun. Die Raupe schlüpft im Frühjahr; ihre Futterpflanzen sind Eiche, Pappel und andere Bäume, auch Obst- und Nadelbäume, an denen sie viel Schaden anrichten kann. Verpuppung im Juli in leichten Gespinstkokons.

Schlehenspinner, Bürstenspinner, Eckfleck

oben Männchen
Orgyia recens
unten links Eiablage, rechts Raupe

Merkmale: Spannweite etwa 30 mm. Die Männchen sind eher unauffällige Falter von brauner Grundfärbung. Typisch ist der halbmondförmige weiße Fleck an der hinteren Ecke des Vorderflügels. Die deutschen Namen Bürstenspinner oder Eckfleck sind vorzuziehen, da die Bezeichnung Schlehenspinner mit Schlehenspanner (S. 178/179) verwechselt werden kann. Die grau gefärbten Weibchen besitzen keine Flügel und werden daher vielfach gar nicht als Falter erkannt. Ähnlich sind der größere und etwas farbigere *O. gonostigma* und der kleinere Heidespinner *(O. ericae)* – auch ihre Weibchen besitzen nur Flügelstummel.
Verbreitung/Lebensraum: Die Art ist in Europa weit verbreitet. Man findet sie in Wäldern und Gebüschen bis in Höhen um 2000 m.
Lebensweise/Flugzeit: Die Weibchen bleiben am Kokon, aus dem sie schlüpften, locken die Männchen durch Duftstoffe an und legen nach der Begattung ihre Eier in einem großen Gelege auf dem alten Kokon ab. Die Männchen fliegen in zwei Generationen im Juni/Juli und August/September.
Raupe: Die bis 35 mm langen Raupen sind dunkelgrau mit Büscheln weißlicher Haare auf kleinen Warzen. In der Mitte der Segmente 4–7 tragen sie je ein bürstenartiges Büschel gelbbrauner Haare, das ihnen den Namen Bürstenspinner eingetragen hat. Auf dem ersten Segment tragen sie ein Paar nach vorn gerichteter Büschel aus langen, schwarzen, fedrigen Haaren, ein ähnliches nach hinten gerichtetes Büschel findet sich auf dem elften Segment. Eine Doppelreihe orangeroter Rükenflecke und eine breite rote Seitenlinie dienen zusätzlich als Warnfarben. Die Raupen fressen an Weiden, Weißdorn, Eiche und anderen Laubgehölzen. Sie können gelegentlich schädlich werden.

Streckfuß

oben Falter, Mitte Raupe

Dasychira pudibunda

Merkmale: Flügelspannweite der Weibchen bis 70 mm, die der Männchen bis 45 mm. Grundfarbe graubraun bis schwarz in vielen Variationen, mit zackig melierten Querbinden. Die kegelförmig behaarten Vorderbeine werden beim Sitzen in charakteristischer Weise gabelartig nach vorne gerichtet (Name!). **Verbreitung/Lebensraum:** In ganz Mitteleuropa und den Alpen bis 1600 m Höhe häufig; bevorzugt Hopfenpflanzungen, naturnahe Gärten, Parks und Laubwälder. **Lebensweise/Flugzeit:** Eine, manchmal zwei Generationen fliegen von Mai bis Juni bzw. im September. Der Lockstoff der Weibchen wird von den Männchen mit den gefiederten Fühlern noch im Umkreis von einem halben Kilometer wahrgenommen. Die Weibchen legen die mit einem dunklen Punkt gezeichneten Eier in Gruppen an Blätter der Wirtspflanzen ab. **Raupe:** Entweder leuchtend gelbgrün oder dunkelbraun bzw. grauschwarz, mit vier gelben Haarbüscheln und einem roten Pinsel am Hinterende. Futterpflanzen sind Rotbuche, Eiche, Hainbuche, andere Laubbäume und Hopfen. Verpuppung in Kokons aus Gespinst und Haaren am Boden.

Pappelspinner

unten

Leucoma salicis

Merkmale: Flügelspannweite bis 50 mm. Durchgehende, seidig weiße Färbung, durch welche die Flügeladern sichtbar sind. **Verbreitung/Lebensraum:** Der Pappelspinner ist in ganz Europa verbreitet bis häufig. Bevorzugtes Aufenthaltsgebiet dieses Schmetterlings sind Pappel- und Weidenbestände in Alleen, an Fluß- und Seeufern, in Parkanlagen oder Auen. **Lebensweise/Flugzeit:** Die eine Generation pro Jahr fliegt von Juni bis Juli. In manchen Jahren beobachtet man massenhaftes Auftreten. Die Eier werden Anfang August in Gruppen an Zweige geheftet; die Raupen schlüpfen daraus Ende August. **Raupe:** Bis 45 mm lang, grau, mit schwarzem Rückenstreifen und regelmäßigen weißen Doppelfleckenreihen. Orange Wärzchen zu beiden Seiten tragen Büschel borstiger Haare. Futterpflanzen sind Pappel und Weide. Die Jungraupen überwintern unter Seidengespinsten und fressen im Folgejahr bis Juni, wobei sie mitunter größeren Schaden anrichten. Verpuppung an Baumrinde in Kokons.

Brauner Bär

gesch.

Arctia caja

oben Falter, Mitte Raupe, unten Puppe

Merkmale: Spannweite 50–70 mm. Oberseite der Vorderflügel braun, mit einer netzartigen, cremeweißen Fleckung, durch welche die Flügel wie gescheckt wirken. Hinterflügel rot, orange oder gelb, mit mehreren schwarzblauen Flecken. Kopf, Halskragen und Beine rot behaart. Beide Geschlechter tragen gefiederte Fühler. Viele Farbvariationen kommen vor.
Verbreitung/Lebensraum: Vom hohen Norden bis über ganz Europa verbreitet; bisweilen häufig auftretend. Der Falter zeigt eine große Anpassungsfähigkeit an unterschiedliche Bedingungen und Nahrungsquellen, deshalb findet man ihn im Gelände an feuchten Plätzen ebenso wie in Grünanlagen der Städte. Im Gebirge sieht man ihn bis in Höhen um 2000 m.
Lebensweise/Flugzeit: Die Falter sind spätnachts aktiv und ruhen tagsüber. Kunstlicht irritiert ihre Orientierung, so daß sie Lampen anfliegen. Zwischen Sonnenflecken am Boden geben die gescheckten Vorderflügel eine gute Tarnung ab; versagt sie einmal, so präsentieren die Falter schlagartig die leuchtenden Hinterflügel, was ein scharfes Geräusch hervorruft, und sondern bei Angriffen eine streng duftende Flüssigkeit ab. Zudem ist ihr Blut giftig. All dies schreckt Feinde wirksam ab. Pro Jahr gibt es eine, selten zwei Generationen, die von Ende Juni bis August bzw. im September fliegen. Häufchen der rundlichen Eier findet man auf der Unterseite von Blättern der Nahrungspflanze.
Raupe: Etwa 60 mm lang, tiefbraun und stark behaart (Name!), mit hellerer Unterseite; Stigmen (Atmungsöffnungen) weiß markiert. Ihr Kopf ist schwarz. Sie läuft recht flink auch über ungeschütztes Gelände und rollt sich im Notfall rasch zusammen. Futterpflanzen sind Sträucher und fast alle niedrigen Pflanzen. Die dunkelbraun glänzende Puppe liegt in einem lockeren Kokon am Grunde der Wirtspflanze. Auf dem Foto sind die Reste der letzten Raupenhaut sichtbar.

Jakobskraut-Bär, Blutbär

gesch.

Thyria jacobaea

oben Falter, unten Raupen

Merkmale: Spannweite 32–43 mm. Die Vorderflügel sind oberseits glänzend schwarz, mit breiten roten Strichen an der Vorder- und Hinterkante, die wie mit einem Pinsel hingemalt wirken, sowie zwei roten Punkten an der Seitenkante. Die Hinterflügeloberseite ist orangerot, und schwarz gesäumt.
Verbreitung/Lebensraum: Nur in südlichen Alpentälern häufig, sonst in ganz Europa inselförmig verteilt. Bevorzugt werden Steinbrüche, trockenes Gelände, Ränder von sonnigen Waldwiesen und Uferzonen von Gebirgsgewässern.
Lebensweise/Flugzeit: Eine einzige Generation fliegt von Mai bis Juli, vor allem nachts. Tagsüber ruhen die Falter an Blättern und Stengeln von Niedrigbewuchs, von wo man sie beim Durchstreifen aufscheuchen kann. Ihre größeren Eigelege finden sich auf der Unterseite der Futterpflanzen.
Raupe: Auffällig schwarz-orange geringelt, mit schwarzem Kopf; die Zeichnung signalisiert potentiellen Feinden Ungenießbarkeit, die davon herrührt, daß die Raupen bevorzugt Jakobs-Greiskraut fressen und dessen giftiges Alkaloid im Blut behalten. So können sie offen in Gesellschaft leben, die sich erst zur Verpuppung auflöst. Die Puppen überwintern unter Laub in einem lockeren Kokon. Futterpflanzen der Raupen sind neben dem Jakobs-Greiskraut auch Gewöhnliches Greiskraut, Huflattich und Pestwurz.

Weiße Tigermotte

oben

Spilosoma lubricipeda

Merkmale: Flügelspannweite 35–45 mm. Grundfarbe weiß, mit vielen schwarzen Pünktchen, besonders auf den Vorderflügeln. Der Leib ist ockergelb, mit je einem kräftigen schwarzen Fleck auf jedem Segmet; im Brustbereich haarig. Das Männchen trägt gefiederte Fühler, die des Weibchens sind fädig. **Verbreitung/Lebensraum:** Weit verbreitet in Europa, immer in Gebieten mit üppigem Pflanzenwuchs außerhalb der Waldregion. Kunstlicht lockt die Falter auch in dicht besiedelte Gebiete. **Lebensweise/ Flugzeit:** Eine Generation, die von Mai bis Ende Juni fliegt. Die Weiße Tigermotte ist nachts aktiv, wobei die Männchen mit den Sinnesorganen ihrer Fühler die Duftspur der Weibchen verfolgen. Bei Gefahr lassen sich die Falter mitten im Flug zu Boden fallen und stellen sich liegend tot. Gleichzeitig sondern sie giftige Sekrete ab, die Feinde endgültig abschrecken. Diese Ungenießbarkeit lernen Fledermäuse bald und lassen die Falter in Ruhe, was sich ein naher Verwandter, die Gelbe Tigermotte (*S. lutea*) zunutze macht, indem sie der weißen Art in der Flugzeit unmittelbar folgt und wegen ihrer Ähnlichkeit ebenfalls von Angriffen verschont bleibt. Die Weibchen der Weißen Tigermotte setzen ihre ovalen, unterseits platten Eier im Juli in Gruppen an die Unterseite der Nahrungspflanzen ab. **Raupe:** Etwa 40 mm lang, Kopf schwarz, Körper behaart, graubraun mit einem roten Rückenstreif. Die Raupen sind sehr beweglich; man kann sie Ende des Sommers auf der Suche nach Verpuppungsgelegenheiten über Straßen und Wege ziehen sehen. Ihr Futterpflanzenmenü umfaßt sehr viele krautige Pflanzen, z. B. Löwenzahn, Brennessel, Minze und Ampfer. Verpuppung und Überwintern am Boden in einem grauen Kokon aus Blättern und Haaren.

Russischer Bär

RL 3, gesch.
unten

Callimorpha quadripunctaria

Merkmale: Spannweite 50–55 mm. Vorderflügel schwärzlich, mit gelbweißer, teilweise V-förmiger Streifung. Hinterflügel rot, mit je zwei schwarzen Punkten (wissenschaftlicher Name!), einem schwarzen Fleck und hellem Saum. Der Rücken des Körpers zeigt auf orangem Grund eine Reihe schwarzer Punkte. Sehr ähnlich ist die Spanische Fahne *(C. dominula)*, deren Vorderflügel jedoch weißlich-gelbe Flecken tragen, deren Hinterflügel schwarz gefleckt und gesäumt sind und deren roter Leib einen schwarzen Rückenstrich aufweist. Trotz dieser und weiterer Unterschiede werden die beiden Arten oft verwechselt. **Verbreitung/Lebensraum:** Vom mittleren Deutschland nach Süden hin inselhaft vorkommend; meist an Berghängen mit Quellen oder Bächen oder in wasserführenden Tälern und Schluchten. Berühmt ist die massenhafte Versammlung dieser Falter während des Hochsommers im »Schmetterlingstal« der Insel Rhodos. **Lebensweise/Flugzeit:** Der Russische Bär fliegt bei Tage von Ende Juli bis August in einer Generation. Die Falter saugen an Disteln und anderen Blüten. Die Eier sind unterseits flacher und

(Fortsetzung S. 118 unten)

Mondfleck, Mondvogel

oben Falter

Phalera bucephala

unten links junge Raupen, rechts erwachsene Raupe

Merkmale: Spannweite 45–60 mm, die Weibchen meist größer. Die Oberseite der Vorderflügel imitiert im zusammengefalteten Zustand ein Ästchen mit silbergrauer Rinde, dessen helles Stirnholz täuschend durch den ockerfarbenen Mondfleck (Name!) am Flügelende und die gleichgefärbte Brustbehaarung des Tieres nachgeahmt wird. Eine derartige, als »Pflanzenmimese« bezeichnete Form der Tarnung schützt meist sehr erfolgreich vor Freßfeinden. Die Hinterflügel sind einfarbig beigeweiß.
Verbreitung/Lebensraum: Angefangen von den nördlichlichsten Regionen über ganz Europa hinweg verbreitet, jedoch nirgends massenhaft. In den Alpen bis 1600 m Höhe zu beobachten. Bevorzugter Lebensraum sind Laubwälder, insbesondere Auen und Parkanlagen.
Lebensweise/Flugzeit: Eine, selten zwei Generationen, die von Anfang Mai bis Juli bzw. im August fliegen. Die Falter nehmen keine Nahrung auf. Sie sind nachtaktiv und werden durch Licht angelockt. Die dunkel gedeckelten, grünlichen Eier werden in Gelegen von 20–40 Stück auf die Unterseite von Blättern der Nahrungsbäume abgesetzt.
Raupe: Bis 60 cm lang, leuchtend gelb mit unterbrochenen schwarzen Längsbändern. Auf dem dunklen Kopf ein gelbes V-Muster. Die Raupen leben gesellig; gefressen wird stets im Verband, bis die Futterstelle kahl ist, dann wechselt die Gruppe gemeinsam zu einer neuen Nahrungsquelle. Futterpflanzen sind Sträucher wie Hasel und die meisten Laubbäume wie Eiche, Weide, Linde, aber auch viele andere Arten; manchmal kommt Kahlfraß vor. Die Raupe schafft sich eine Höhle knapp unter der Erde, worin die glänzend braune Puppe in einem Kokon überwintert.

(Fortsetzung von S. 116)
werden in kleinen Gruppen an die Ränder der Wirtspflanzen gelegt. **Raupe:** Bis 50 mm lang, dunkelbrauner Körper mit braunen Wärzchen, an denen Büschel gleichfarbiger Haare sitzen. Strichpunktartig unterbrochene, gelbweiße Bänder ziehen auf dem Rücken und an beiden Seiten entlang. Im Unterschied dazu sind die schwarzen Raupen der Spanischen Fahne kleiner und tragen vier Reihen gelber Fleckchen, die jeweils von einem weißen Doppelpunkt abgelöst werden und die Rückenlinie frei lassen. Futterpflanzen der Raupe des Russischen Bären sind krautige Arten wie Brennessel, Taubnessel, Weidenröschen und viele andere. Die Raupe überwintert, frißt nachts und verpuppt sich im Folgejahr unter Laub in einem lockeren Gespinst.
Alle *Callimorpha*-Arten sind in ihrem Bestand gefährdet.

Großer Gabelschwanz

gesch.

Cerura vinula

oben Falter, Mitte Raupe

Merkmale: Flügelspannweite 55–75 mm. Die Vorderflügeloberseite ist grauweiß und mit dunklen zackenförmigen Linien bedeckt, die wie mit einem feinen Stift hingekritzelt erscheinen. In Kopfnähe und auf den Hinterflügeln verteilt sich eine Anzahl dunkler Pünktchen. Die Fühler beider Geschlechter sind gefiedert, beim Weibchen jedoch dünner. **Verbreitung/Lebensraum:** Die Falter erscheinen in ganz Mitteleuropa und erreichen in den Alpen Höhenlagen bis 2500 m. Vorzugsweise leben sie an Gewässern oder in Auwäldern, gelegentlich aber auch in verlassenen Steinbrüchen. **Lebensweise/Flugzeit:** Der Große Gabelschwanz fliegt jährlich in einer einzigen Generation von Ende April bis Anfang August. Die rötlichen, flachen Eier legt das Weibchen in Zweier- oder Dreiergruppen auf die Oberseite der Blätter von Wirtspflanzen. **Raupe:** Die Jungraupe schlüpft im Juni. Sie ist zunächst vollkommen schwarz, entwickelt aber später sehr bizarre Farben und Formen: Die Bauchseite wird grün und trägt weiße Fleckchen; ein weißer Saum bildet die Grenze zum dunkel braunvioletten Rückenband. Der helle Kopf ist schwarz gesäumt, dahinter liegt ein roter Streifen mit zwei schwarzen Flecken, an den sich die dunkle Rückenlinie anschließt. Das letzte Beinpaar ist zu einer Zwillingsgabel ausgezogen (Name!), die in die Höhe steht und zwei feine rote Fadenschläuche züngelnd hervorstoßen kann (s. Foto). Gleichzeitig versprüht die Raupe bei Gefahr eine ameisensäurehaltige Flüssigkeit bis 20 cm Entfernung. Ihre Futterpflanzen sind Pappeln und Weiden. In Bodennähe bildet die Raupe am Stamm der Wirtsbäume aus zerkauter Rinde und Seide einen stabilen Kokon, in dem die Puppe überwintert.

Erlenzahnspinner

Notodonta dromedarius

unten links Falter, rechts Raupe

Merkmale: Spannweite 45–55 mm. Violettbraune Vorderflügel mit je einem ovalen, hell geränderten Augenfleck, aufgehellten, gezackten Linienzügen und dezenten dunklen Punktreihen in rötlichen Bändern. Hinterflügel grau, mit hellem Band und hellem Saum. **Verbreitung/Lebensraum:** In ganz Europa bis in Alpenregionen um 2400 m Höhe, jedoch nirgendwo häufig zu finden. Sein Lebensraum sind Wälder oder Baumgruppen in Parks und Anlagen. **Lebensweise/Flugzeit:** Die erste jährliche Generation fliegt von Mai bis Juni, die zweite überlappend bis August. Die Eier werden im Mai und August paarweise, manchmal auch einzeln an Blätter der Wirtsbäume abgelegt. **Raupe:** Bis 35 mm lang, wobei das vierte bis siebte und das elfte Segment spitze Buckel aufweisen. Die Färbung ist verschieden, jedoch zeigt sie meist eine unterbrochene dunkle Rückenlinie, die vom Kopf zum Ende hin schmaler wird. Futterpflanzen sind Birke, Erle, Weide, Eiche, aber auch Hasel. Verpuppung Ende Juli und Ende September in Kokons unter der Erdoberfläche.

Gewöhnliches Blutströpfchen, Erdeichel-Widderchen

gesch.

Zygaena filipendulae

oben Falter, unten links Puppe

Merkmale: Spannweite 30–36 mm. Vorderflügel schwarz mit blaugrünlichem, metallischem Glanz, darauf je drei rote Doppelflecke (Unterscheidungsmerkmal zu ähnlichen Arten!). Hinterflügel rot, mit schwarzem Saum. Fühlerenden kolbig aufgetrieben. **Verbreitung/Lebensraum:** Relativ häufig in ganz Europa bis zum 61. Breitengrad. In den Alpen bis auf 2000 m Höhe zu beobachten. Bevorzugter Lebensraum ist die Vegetation karger Böden wie Heideflächen, Magerrasen, alte Kiesgruben, trockene Mooren usw. **Lebensweise/Flugzeit:** Man sieht die wenig scheuen Falter bei Sonnenschein während der Mittagsstunden in gemächlichem Flug von Pflanze zu Pflanze schweben, während sie bei trübem Wetter auf den Blüten sitzen und ruhen. Ihre auffällige Färbung verrät ihre Giftigkeit für Feinde, während ihnen selbst sogar Blausäure wenig anhaben kann. Eine jährliche Generation fliegt von Juli bis August, wobei die Falter gesellig leben und deshalb meist zu mehreren beobachtet werden. Die Weibchen legen ihre kleinen, gelben Eier in Gruppen auf die Oberseite der Wirtspflanzenblätter ab, woraus die Jungraupen ab August schlüpfen. **Raupe:** Grüngelb, etwa 22 mm lang, dick. Auf dem Rücken und an den Seiten schwarze Fleckungen, die von gelben Linien unterbrochen werden; Kopf eingezogen und schwarz. Die Raupen überwintern, gelegentlich sogar zweimal. Futterpflanze ist Hornklee, gelegentlich auch Berg-Kronwicke. Verpuppung in kahnförmigen, papierähnlichen Kokons an Pflanzenstengeln, aus denen die Puppe vor dem Schlüpfen halb hervorschaut. Das Foto zeigt den Kokon mit Puppe, aus der der Falter bereits geschlüpft ist.

Gewöhnliches Grünwidderchen

gesch.

Procris statices

unten rechts

Merkmale: Flügelspannweite 25–30 mm. Glänzend grüne Vorderflügeloberseiten ohne Flecken oder Linien; nahezu farblose Hinterflügel, deren Adernetz durchscheint. Es sind mehrere, einander sehr ähnliche Arten bekannt. **Verbreitung/Lebensraum:** Vom Polarkreis südlich über ganz Europa verbreitet. Die kleinen Falter bevorzugen feuchte Gebiete und Waldlichtungen; seltener werden sie auch einmal über Heide oder an Kalkhängen gesehen. **Lebensweise/Flugzeit:** Eine einzige Generation fliegt von Mai bis August. Die Eier werden im Juni in kleinen Reihen auf die Oberseite der Blätter von Wirtspflanzen gelegt. **Raupe:** Nur etwa 12 mm lang, hellbraun, mit schwarzen Fleckchen und Haarbüscheln, die auf Wärzchen sitzen. Futterpflanzen sind Ampfer-Arten. Die Raupen überwintern und verpuppen sich im Frühjahr unter Blättern in seidenen Kokons.

Windenschwärmer

oben Falter, Mitte Raupe, unten Puppe

Herse convolvuli

Merkmale: Mit einer Flügelspannweite von 110–120 mm einer unserer größten Falter. Die Vorderflügel sind graubraun und ähnlich wie Baumrinde marmoriert. Die Hinterflügel sind bläulich oder weißlich getönt und mit je vier dunklen Streifen gebändert, deren mittleres Paar nahe beieinander verläuft. Der Hinterleib ist rot grau und schwarz gezeichnet. Auffällig sind die großen Facettenaugen und der bis 9 cm lange Saugrüssel, der in Ruhe spiralig aufgerollt wird.

Verbreitung/Lebensraum: Der Falter ist in den Tropen zu Hause und eroberte als äußerst guter Flieger ganz Afrika und alle Gebiete Europas, ist daneben aber auch in Asien, Australien und – wohl eingeschleppt – in Nordamerika zu finden. Mitteleuropa wird jährlich über das Mittelmeer hinweg im Mai und im August von den Faltern erreicht.

Lebensweise/Flugzeit: Ende Mai kommen die ersten Windenschwärmer bei uns an und fliegen bis Ende Juni. Ein zweiter Zuzug erfolgt im August und vermischt sich mit den hier geschlüpften Tieren, die meist etwas größer sind als die Zuwanderer, aber unfruchtbar bleiben. Ein Teil der Gäste schafft den Rückflug in den Süden, die übrigen gehen während kalter Tage zugrunde. Man findet den Schwärmer in der Dämmerung und bei Nacht an Blüten mit enger, langer Blütenröhre, deren Grund er dank seines langen Rüssels erreicht. Dort wo Winden blühen, trifft man ihn an, also z. B. über Kartoffelfeldern, Brachen oder in verwilderten Kiesgruben. Die Weibchen legen ihre winzigen Eier einzeln auf die Blattoberseite von Winde, Ziertabak oder Phlox.

Raupe: Sehr groß (110 mm lang), meist grün oder braun, mit Schrägstreifen verschiedener Farbe und einem Horn am Hinterende. Ihre Futterpflanzen sind Acker-Winde, Pracht-Winde, Wald-Geißblatt und Phlox. Verpuppung im Herbst unter der Erde. Die glänzend braune Puppe trägt eine auffällige lange Rüsselscheide.

Totenkopfschwärmer

oben Falter, unten Raupe

Acherontia atropos

Merkmale: Mit einer Flügelspannweite bis 120 mm ein sehr großer Falter unserer Fauna. Der Leib ist wespenähnlich gelb-schwarz gestreift, mit blauer Rückenlinie; die Vorderflügel sind baumrindenähnlich marmoriert, die Hinterflügel gelb, mit 2 signalartig gezackten dunklen Linien. Der Rückenschild der Brust trägt die berühmte totenkopfähnliche Zeichnung, die auch den wissenschaftlichen Namen prägte: »Atropos« ist die griechische Schicksalsgöttin, »Acheron« der Grenzfluß zur Unterwelt.
Verbreitung/Lebensraum: Der Totenkopf wandert jedes Jahr quer über das Mittelmeer von Nordafrika nach Mitteleuropa ein und erreicht sogar Island. Er liebt warme Täler mit Nachtschattengewächsen.
Lebensweise/Flugzeit: Hierzulande von Mai bis Juni, gelegentlich im Oktober fliegend. Die Herbstgeneration ist unfruchtbar. Die Falter trinken an weichen Früchten, saugen Baumsäfte und suchen Honig in Bienenwaben, was ihnen nicht selten das Leben kostet. Abruptes Präsentieren der signalgelben Hinterflügel schreckt Freßfeinde ab. Bei Streß erzeugen sie im Schlund zirpende Geräusche, die auch schon von Raupen hörbar sind. Ihre Eier legen die Weibchen einzeln an die Blätter der Nahrungspflanze.
Raupe: Sie zeigt eine bräunliche und eine gelbe Färbungsphase; letztere auffällig schräg grünviolett getreift. Das typische Schwärmerraupenhorn am Hinterleib ist gekrümmt. Futterpflanzen sind Kartoffel und andere Nachtschattengewächse sowie Tollkirsche. Die großen, glänzenden Puppen sind etwa 20 cm tief in Kartoffeläckern zu finden; die Falter schlüpfen nach drei Wochen. Überwinternde Puppen erfrieren im Freien, lassen sich aber in der Wohnung heranzüchten.

Ligusterschwärmer

gesch.

Sphinx ligustri

oben Falter, unten Raupe

Merkmale: Flügelspannweite 110–120 mm, wobei die Weibchen die größeren Tiere sind. Vorderflügel braun, mit schwarzen Strichen und weißem Farbanflug. Hinterflügel im Unterschied zum Windenschwärmer (S. 124/125) rosa bis rot, mit zwei bis drei breiten dunklen Querbändern. Hinterleib schwarz auf rotem Grund quergestreift, mit zweireihiger bräunlicher Rückenlinie.

Verbreitung/Lebensraum: Die Ligusterschwärmer sind einheimische Falter, die in ganz Europa auftreten und in den Alpen 1500 m Höhe erreichen. Ihr Aufenthaltsgebiet sind Laubwaldränder sowie Ligusterhecken und Fliedersträucher in Gärten und Anlagen. Die Schwärmer fliegen in rasantem Flug ab der Dämmerung und zur Nachtzeit. Zu sehen bekommt man sie deshalb meist nur, wenn elektrische Beleuchtung sie in Häuser oder Gärten lockt.

Lebensweise/Flugzeit: Mit etwas Glück kann man die Falter im Dämmerlicht im Schwirrflug vor nächtlich Nektar absondernden Blüten stehen sehen, aus denen sie mit ihrem langen Rüssel Nektar saugen, wodurch sie an Kolibris erinnern. Sie fliegen von Ende Mai bis Juli. Die grünlichen Eier werden einzeln an die Blattunterseite der Nahrungspflanze geheftet.

Raupe: Etwa 10 cm lang, grün, mit 7 weiß-lila Schrägstreifen beidseits. Ihr Horn ist schwarz, der gelbgrüne Kopf trägt zwei schwarze Streifen und wird bisweilen sphinxähnlich geneigt (wissenschaftlicher Name!). Die Raupen erkennen botanisch verwandte Pflanzen unterschiedlichsten Aussehens als geeignete Futterpflanzen: Liguster, Flieder und Esche. Seltener nehmen sie auch Schneeball oder Schneebeere an. Die Verpuppung erfolgt handbreit unter der Erdoberfläche, wo die Puppen manchmal sogar zwei Winter überdauern (»überliegen«), bevor der Falter schlüpft.

Kiefernschwärmer

oben Falter, unten Raupen

Hyloicus pinastri

Merkmale: Spannweite 65–75 mm. Sehr vielfältige Färbung, die sich am besten mit einem Stück Kiefernrinde vergleichen läßt. Die Flügelränder haben einen abwechselnd braun-weiß gescheckten, schmalen Saum. Der gedrungene Hinterleib weist eine dezente, winklig abgesetzte Streifung auf.
Verbreitung/Lebensraum: Überall wo Nadelwälder stehen, ist auch der Kiefernschwärmer zu finden; jedoch nirgends massenhaft. In den Alpen erreicht er die Nadelbaumgrenze, im Osten den Baikalsee. Am günstigsten für ihn sind Areale, von denen aus er nachts duftende Blüten erreichen kann; also Waldränder, Lichtungen oder auch Schonungen.
Lebensweise/Flugzeit: Meist fliegt nur eine Generation im Jahr, bei günstiger Witterung treten manchmal auch zwei auf. Die ersten Falter tauchen im Mai auf und sind bis Juli unterwegs, eine zweite Generation folgt dann gegebenenfalls im August. Die Falter sind nachtaktiv. Tagsüber ruhen sie an Baumstämmen und beginnen in der Abenddämmerung mit Flügelzittern, um sich zu erwärmen. Anschließend schwärmen sie aus und saugen aus stark duftenden Blüten wie z. B. dem Geißblatt Nektar, den sie als Kraftreserve vor der Befruchtung und Eiablage benötigen. Das Weibchen legt seine kleinen Eier an Kiefern- oder Fichtennadeln ab.
Raupe: Die Jungraupen sind grün, mit mehrfacher weißer Längsstreifung; die älteren Tiere tragen ein bräunliches Rükenband und 3 gelbweiße Längsstreifen. Die Raupen sind auch am Tage aktiv und fressen gemächlich von August bis September, ohne damit in den Wäldern größeren Schaden anzurichten. Ihre Futterpflanzen sind Kiefer und Fichte. Die braunen Puppen liegen unter Nadelstreu oder flach unter der Erde und überwintern dort.

Lindenschwärmer

oben

Mimas tiliae

Merkmale: Spannweite 55–70 mm. Die Vorderflügelenden sind mehrfach bogig geschnitten. Ihre Oberseite ist braunrosa mit grünlichem Schimmer. Unter vielen Farbvarianten kommt auch eine rein braune Form vor. Die Flügeldecke zeigt einen auffälligen dunklen Streifen, der sich vom Rand zur Mitte schollenartig verbreitert, dann abbricht, um sich zum Körper hin schmäler fortzusetzen. **Verbreitung/Lebensraum:** Das Auftreten der Falter richtet sich nach dem Bestand von Linden, die sich in jüngerer Zeit weniger in Wäldern als in Alleen und Parks und anderen Anlagen finden lassen. Ganz Europa und Skandinavien gehören zum Verbreitunsareal der Art; in den Alpen bis in 1500 m Höhe. **Lebensweise/Flugzeit:** Der Lindenschwärmer fliegt nur in warmen Nächten; bei kühlem Wetter wartet er ruhend ab. Kunstlicht zieht die Schwärmer an, so daß man manchmal mehrere Exemplare um Lampen schwirren sehen kann. Die Falter nehmen keine Nahrung auf. Zur Paarung fächern sie ihre Flügel deltaförmig auf und führen die Hinterleiber zusammen, so daß sie gemeinsam das Bild einer durchbrochenen Raute ergeben. Auf der Unterseite von Lindenblättern findet man einzeln oder paarweise die Eier. **Raupe:** Unterschiedlich gefärbt, mit 7 gelblichen Diagonalstreifen beidseits. Etwa 60 mm lang. Das Horn ist blau, gelb und rot. Futterpflanzen sind neben Linde auch Ulme, Birke und Erle. Die braune Puppe überwintert in einer kleinen Höhle aus Spinnfäden in Rindenlücken oder im Boden.

Pappelschwärmer

unten

Laothoe populi

Merkmale: Spannweite 70–85 mm. Die Flügelränder sind wellig geformt und zeigen je eine kleine weiße Marke. In Ruhe werden die Hinterflügel vor die Vorderflügel geschoben (vgl. Foto). Zusammen mit der laubstreuähnlichen Grundfärbung vermittelt dies den Eindruck trockener Blätter. Bei Gefahr zeigt der Schwärmer ruckartig den rostroten Fleck beider Hinterflügel, was einen Überraschungseffekt bei Feinden auslösen soll, den die Falter zur Flucht nützen. Trotzdem werden sie u. a. von Meisen gefressen. **Verbreitung/Lebensraum:** In ganz Europa verbreitet, besonders in Auen und an Fluß- oder Bachufern, aber ebensogut in Anlagen oder Gärten mitten in der Stadt. In den Alpen sah man Pappelschwärmer bis in 1600 m Höhe. **Lebensweise/Flugzeit:** Der nachtaktive Falter ruht tagsüber an Baumstämmen. Meist fliegt nur eine Generation von Mitte Juli bis September. Die pillenähnlichen, grünen Eier werden in kleinen Gruppen auf die Unterseite von Blättern gelegt. **Raupe:** Die dicke, etwa 65 mm lange Raupe ist grün, mit weißen Fleckchen und je 7 Schrägstreifen an beiden Seiten sowie einem grünen Horn. Futterpflanzen sind Pappeln und Weiden. Die Puppen überwintern in kleinen Erdhöhlen nahe den Wirtsbäumen.

Abendpfauenauge

Smerinthus ocellata

gesch.

oben Falter, unten Raupe

Merkmale: Flügelspannweite 75–85 mm. Vorderflügel graubraun marmoriert, so daß sie kaum von trockenem Laub zu unterscheiden sind. Die roten Hinterflügel tragen je einen schwarz und hellblau umringelten blauen Augenfleck (Name!). Der gedrungene, kräftige Leib weist auf einen guten Flieger hin.

Verbreitung/Lebensraum: Die Verbreitung ist ungenügend bekannt, da die Falter nur nachts fliegen und tagsüber ihrer ausgezeichneten Tarnung wegen schwer auszumachen sind. In ganz Europa bis zum Balkan und in Höhen bis 2000 m wurden Exemplare gefunden. Die anspruchslosen Tiere können sehr unterschiedliche Lebensräume nutzen; so besetzen sie u. a. Obstgärten, Anlagen, Auen und Buschgelände.

Lebensweise/Flugzeit: In der Regel fliegt nur eine Generation von Mai bis Juli, in günstigen Jahren auch eine zweite ab September. Werden die Falter gestört, so präsentieren sie schlagartig die Augenflecken auf ihren Hinterflügeln, wodurch mancher Vogel momentan erschreckt wird, was der Falter zur Flucht nutzt. Dies konnte mit Hühnern experimentell gezeigt werden. Auf ihren nächtlichen Flügen besuchen die Abendpfauenaugen keine Blüten, da ihr Saugrüssel verkümmert ist. Ein Weibchen legt bis zu 400 Eier in kleinen Gelegen oder einzeln an die Blätter von Futterpflanzen.

Raupe: Bis 80 mm lang, grün, mit verschieden getönten Schrägstreifen und weiß abgesetzten Stigmen (Atemöffnungen). Der Kopf trägt zwei gelbe Streifen. Futterpflanzen sind Weiden und Pappeln, manchmal auch Obstbäume. Die braune Puppe überwintert in einer kleinen Höhle knapp unter der Erde.

Wolfsmilchschwärmer

oben Falter, unten Raupe

Celerio euphorbiae

Merkmale: Flügelspannweite 60–75 mm. Vorderflügel braungrünlich mit rosa getöntem Mittelfeld, zur Mitte hin weiß gesäumt. Sie tragen ein zur Spitze hin auslaufendes dunkles Band und mehrere dunkle Flecken. Die Hinterflügel zeigen auf weißem Grund ein rotes, schwarz gesäumtes Feld.

Verbreitung/Lebensraum: Der Falter stammt aus der Mittelmeerregion und fliegt über die Alpen ein, wo man ihn in Höhen bis 1800 m sieht. Es gibt in Deutschland jedoch auch einen heimischen Bestand. Lebensraum sind Regionen, in denen Wolfsmilchgewächse stehen, die jedoch heute oft als »Unkraut« ausgemerzt werden. Dementsprechend geht die Populationsdichte der Falter zurück.

Lebensweise/Flugzeit: Meist fliegt eine Generation von Mai bis Anfang August; in günstigen Jahren auch eine zweite von Ende August bis Oktober. Wolfsmilchschwärmer sind dämmerungs- und nachtaktiv und saugen an Blüten. Fühlen sie sich tagsüber bedroht, so öffnen sie ihre Vorderflügel und zeigen plötzlich die rote Hinterflügelzeichnung, was manchen Gegner so verdutzen mag, daß Zeit zur Flucht bleibt. Die Eier werden meist in kleinen Gruppen an Blätter von Wolfsmilch-Arten gelegt.

Raupe: Etwa 80 mm lang, schwarz-gelb gefleckt, mit roter Rückenlinie, roten Seitenflecken und gelber oder roter Seitenlinie; Kopf rot. Futterpflanzen sind diejenigen Wolfsmilch-Arten, die weißen Milchsaft führen. Verpuppung im Erdboden in lockeren Gespinsten, manche Puppen überwintern (»überliegen«) mehrere Jahre.

Labkrautschwärmer

oben Falter, unten Raupe

Celerio galii

Merkmale: Spannweite 70–80 mm. Flügel abwechselnd olivgrün und weißgelb gebändert und bläulich gesäumt. Auf den Hinterflügeln ist der weißgelbe Abschnitt breiter und trägt einen roten Fleck; ihr Saum ist hell. Der Leib trägt ein durchgehendes olivgrünes Rückenband.
Verbreitung/Lebensraum: Als Wanderfalter in Nordamerika, Asien und Europa verbreitet, doch nirgends häufig. Hierzulande öfter im Voralpenland und den Alpen bis 2000 m, seltener in Nord- und Mitteldeutschland zu sehen. Auch am Tage, besonders aber in der Dämmerung aktiv, besucht er gleich nach dem Schlüpfen Blüten, an denen er saugt. Er findet seine Lieblingspflanzen auf Lichtungen, an Waldrändern und auf Wiesen.
Lebensweise/Flugzeit: Meist eine Generation, selten zwei. Die Falter fliegen von Mitte Mai bis Mitte Juli bzw. im August und September. Die winzigen Eier werden in kleinen Grüppchen auf die Oberseite der Nahrungspflanzenblätter abgelegt.
Raupe: Die Jungraupen sind grün, später variiert die Färbung. Auf dunklem Grund findet man beidseits zwei Reihen heller, schwarz umrandeter Flecken. Futterpflanzen sind Labkraut, Weidenröschen und Fuchsie. Verpuppung am Boden in lockerem Gespinst, ein Teil der Puppen überwintert.

Mittlerer Weinschwärmer

oben Falter, Mitte Raupe

Deilephila elpenor

unten links Raupe in Drohstellung, rechts Puppe

Merkmale: Spannweite 60–70 mm. Grundfarbe leuchtend rosarot mit olivgrüner Bestäubung, die auf den Vorderflügeln zwei Bänder und einen Saum der Grundfärbung freiläßt und auf dem Rücken einen bräunlichen Doppelstreifen bildet. Hinterflügel an der Basis schwarz; Beine weiß. Auffällig sind ferner die großen Augen.
Verbreitung/Lebensraum: Überall in Europa, doch nirgends massenhaft. Obgleich man den Schwärmer auch in Anlagen dicht besiedelter Regionen antrifft, bevorzugt er doch Bachtäler, Ödland oder Waldränder als Aufenthaltsort. In den Alpen erreicht er 1500 m Höhe.
Lebensweise/Flugzeit: Ein dämmerungsaktiver Nachtfalter, der gerne vor den stark duftenden Blüten von Phlox oder Geißblatt im Schwirrflug steht und Nektar saugt. Meist fliegt nur eine Generation von Mitte Mai bis Juli, selten eine zweite noch im August. Die runden Eier werden einzeln an den Blättern von Nahrungspflanzen abgelegt.
Raupe: Bis 80 mm lang, unbehaart, dunkel gefärbt; mit vier auffälligen Augenflecken, die das Bild eines Schlangenkopfes erwecken, wenn die Raupe bei Gefahr ihren Kopf bauchwärts einzieht und den Nacken vorstülpt. Häufig werden solche Raupen als Reptilien angesehen. Sie sind nachtaktiv und fressen bisweilen ihre Nahrungspflanzen kahl. Ihre bevorzugten Futterpflanzen sind Weidenröschen, Wein, Labkraut, Nachtkerze und Fuchsie. Verpuppung und Überwintern in Laubstreu am oder im Boden.

Kleiner Weinschwärmer

oben links

Deilephila porcellus

Merkmale: Flügelspannweite 40–50 mm, und damit wesentlich kleiner als der Mittlere Weinschwärmer (vorige Doppelseite). Von diesem unterscheidet ihn auch ein braunes Band, welches über die Vorderflügel zieht, sowie der einfache braune Rückenstreifen und ein schmaler weißer Saum an den Hinterflügeln. **Verbreitung/Lebensraum:** In ganz Europa zu Hause; im Gebirge bis in Lagen von 1600 m. Sein Lebensraum sind feuchte Auwälder, Ufer von Gewässern, aber auch Gärten und Friedhöfe. **Lebensweise/Flugzeit:** Gewöhnlich fliegt nur eine Generation von Mitte Mai bis August. In der Dämmerung ist er der erste Schwärmer, der sich aus der Tagstarre löst und Blüten, z. B. vom Seifenkraut, besucht. Nachts wird er von Licht angezogen. Die Weibchen legen ihre Eier einzeln an den Blättern der Wirtspflanzen ab. **Raupe:** Zunächst grün, später grauschwarz gemustert und bis 60 mm lang. Auffällig sind vier weißgerandete Augenflecken; das Horn ist nur angedeutet. Futterpflanzen sind Labkraut-Arten, an denen die Raupen nachts fressen, während sie sich tagsüber am Boden verbergen. Verpuppung in der Laubstreu oder flach unter der Erde.

Skabiosenschwärmer

gesch.
oben rechts

Hemaris tityus

Merkmale: Flügelspannweite 40–50 mm. Transparente Flügel mit feinen Längsrippen und schmalem grauem Saum. Der gedrungene Leib ist dem einer Hummel ähnlich. Verwechslung mit dem Hummelschwärmer (s. u.) möglich. **Verbreitung/Lebensraum:** In Europa weithin verbreitet. Der tagaktive Falter mag Waldlichtungen und blütenreiche Wiesen; seltener ist er in Gärten zu sehen. In den Alpen erreicht er Höhen bis 2000 m. **Lebensweise/Flugzeit:** Meist eine, selten eine zweite Generation pro Jahr. Die Schwärmer fliegen von Juni bis Juli oder ab August als Folgegeneration. Sie saugen Nektar im Schwirrflug vor Blüten. Die kugeligen Eier findet man einzeln an bodennahen Blättern der Wirtspflanzen. **Raupe:** Grün mit bräunlichen Flecken. Länge etwa 35 mm. Der Kopf ist grün, das Horn bräunlich. Futterpflanzen sind Acker-Witwenblume, Teufelsabbiß und Karde. Die Puppen ruhen den Winter hindurch in einem lockeren erdnahen Gespinst.

Hummelschwärmer

gesch.
unten

Hemaris fuciformis

Merkmale: Flügelspannweite 40–50 mm. Die braune Bestäubung der Flügel fällt beim ersten Flug bis auf einen schmalen Rand ab, während die Flächen transparent werden. Sie sind rippenartig von Adern durchzogen. Die Hinterflügel sind sehr klein. Der Leib ist gedrungen, wollig und braun-gelb-schwarz gefärbt, so daß eine gewisse Ähnlichkeit zu Hummeln besteht (Name!). Die Ähnlichkeit mit dem Skabiosenschwärmer (s. o.) wurde bereits erwähnt.

 (Fortsetzung S. 144 unten)

Taubenschwänzchen

Macroglossum stellatarum

oben Falter im Schwirrflug, unten links sitzend
unten rechts Raupe

Merkmale: Spannweite 45–55 mm. Vorderflügel grau, mit mehreren feinen schwarzen Querlinien. Hinterflügel leuchtend orange, mit bräunlichem Saum. Der gedrungene Leib weist am Hinterende schwarz-weiße Schuppen auf (Name!), die offenbar beim Schwirrflug vor Blüten der Balance dienen.
Verbreitung/Lebensraum: Die Heimat der Taubenschwänzchen ist Südeuropa. Von dort wandern zwei Generationen ab Mai und ab Juli über die Alpen hinweg bei uns ein, sind hierzulande jedoch nirgends häufig. Sie bevorzugen sonnige Areale wie Kahlschläge, Wiesen, Heiden und Lichtungen. Man trifft sie oft auch in Gärten, wo sie tagsüber Blüten besuchen.
Lebensweise/Flugzeit: Die Falter sind bei hellem Sonnenschein aktiv und flitzen buchstäblich zwischen den Blüten umher, deren Nektar sie saugen, ohne sich auf ihnen niederzulassen. Die zweite eingewanderte Generation mischt sich mit dem Nachwuchs der ersten; einheimische Populationen halten sich aber nicht. Ob die Falter im Herbst nach Süden zurückwandern, ist umstritten. Die Weibchen legen die kleinen Eier einzeln an Blättern der Nahrungspflanzen ab.
Raupe: Etwa 45 mm lang, erst grün, später rötlich, mit weißer Seiten- und oft gelber Substigmalinie; blaues Horn. Futterpflanzen sind Wiesen-Labkraut und Echtes Labkraut. Die Puppen ruhen in lockeren Gespinsten in kleinen Erdhöhlen.

(Fortsetzung von S. 142)
Verbreitung/Lebensraum: Abhängig von Wärmezonen überall in Europa und im Gebirge bis 2000 m Höhe verbreitet. Bevorzugt werden Waldlichtungen, Waldwiesen und Gärten. **Lebensweise/ Flugzeit:** Die Falter fliegen bei Mittagssonne ruckartig von Blüte zu Blüte, lassen sich aber (anders als Hummeln) nicht darauf nieder, sondern saugen im Schwirrflug, wobei ein leises Geräusch entsteht. Die Weibchen legen kugelförmige Eier auf die Unterseite der Wirtspflanzen. **Raupe:** Grün, bis 35 mm lang, rötliche Stigmenflecken und braunrotes Horn. Futterpflanzen sind vorwiegend Geißblatt und Schneebeere. Die schwärzlich-braune Puppe überwintert in einem Gespinst gleich unter der Erdoberfläche.

Kleines Nachtpfauenauge

Eudia pavonia

gesch.; oben Männchen
Mitte Weibchen, unten Raupe

Merkmale: Die Spannweite der Weibchen beträgt 60–80 mm, die der Männchen 40–55 mm. Die Flügeloberseite ist allgemein grau marmoriert, von welligen Linien durchzogen und hell gesäumt. Die Hinterflügel der Männchen sind gleichartig gezeichnet, jedoch ockerfarben. Auf jedem Flügel prangt ein mehrfach geringter Augenfleck auf hellem Grund. Die Männchen tragen kammartige Fühler, die Weibchen hingegen schlanke.

Verbreitung/Lebensraum: Von Finnland im Norden über ganz Europa verbreitet, kommen die Falter auch in den Alpen bis 2000 m Höhe vor. Zeitweise wurde massenhaftes Auftreten verzeichnet.

Lebensweise/Flugzeit: Regelmäßig fliegt eine Generation von April bis Mai. Die Männchen sind tagaktiv und nehmen mittels ihrer Fühlerorgane kilometerweit eine Duftspur auf, welche die paarungsbereiten Weibchen aus ihrem Hinterleib verströmen. Im Suchflug folgen sie der Konzentration des Duftes in der Luft und kommen so manchmal zu mehreren bei einer Partnerin an. Die Weibchen nehmen ebenfalls chemische Signale wahr, diese informieren sie jedoch über geeignete Nahrungspflanzen, um deren Stengel sie nachts haufenweise Eier reihen. Die Falter nehmen keine Nahrung auf.

Raupe: Ausgewachsen grün mit gelben Wärzchen, aus denen schwarze Borsten hervorstehen. Länge etwa 60 mm. Die Stigmen (Atemöffnungen) sind leuchtend orange gefaßt. Jungraupen schwarz, später schwarz-grün gemustert in wechselnder Verteilung (s. Foto; vgl. Einführung S. 15). Futterpflanzen sind Heidekraut, Heidelbeere, Weißdorn und viele andere Sträucher, aber auch Bäume wie Weide oder Birke. Die Jungraupen leben gesellig, trennen sich aber später. Verpuppung in Seidenkokons, deren nach oben gerichtete Öffnung nur von innen her passierbar ist, und in denen die Raupen – manchmal mehrere Jahre – überwintern (s. Einführung S. 16).

Nagelfleck

Aglia tau

gesch.; oben Oberseite Männchen
unten links Unterseite, rechts Raupe

Merkmale: Flügelspannweite 60–70 mm. Die Männchen sind die kleineren Tiere. Sie sind ockerfarben und haben schwarz bestäubte Flügelsäume. Die Weibchen sind größer und fahler gefärbt; die schwarze Zeichnung fehlt ihnen. Beide Geschlechter tragen auf jedem Flügel einen schwarz umringten blauen Augenfleck, in dessen Mitte sich eine T-förmige weiße Zeichnung befindet, die der Seitenansicht eines Nagels ähnelt (Name!). Die Fühler der Männchen sind kurz und gefiedert, die der Weibchen lang und fädig. Auch am dickeren Leib erkennt man ein Weibchen.
Verbreitung/Lebensraum: In ganz Europa und nach Osten bis Japan verbreitet, jedoch in England fehlend. Gelegentlich in Mengen auftretend. Man findet die Falter nur an Plätzen, an denen alte Buchen stehen, hier aber regelmäßig.
Lebensweise/Flugzeit: Jedes Jahr fliegt nur eine einzige Generation von Mitte April bis Mai. Die Männchen sausen tagsüber bodennah durch die Laubwälder und suchen mit ihren Fühlerorganen den Lockstoff der Weibchen zu erspüren, die ihrer auf Buchenblättern sitzend harren. Rivalen werden verjagt. Die Eier werden von den Weibchen einzeln an Buchenstämmen abgelegt, von wo aus die Jungraupen zu den Blättern hinaufwandern.
Raupe: Sie durchläuft eine Gestaltänderung: Zunächst tragen die Tiere bizarre Rückendornen, die wie Ästchen hervorstehen. Nach der dritten Häutung gehen diese dann verloren. Die ausgewachsene Raupe ist grün, mit hellen Schrägstreifen und einem roten Ring um die Stigmen (Atemöffnungen). Das Foto zeigt ein mittleres Raupenstadium mit noch nicht ganz zurückgebildeten Dornen. Futterpflanzen sind Rotbuche und andere Laubbäume. Anfang August seilen sich die Raupen zum Erdboden ab und spinnen einen feinen Kokon für die Puppe, die darin unter dem trockenen Laub überwintert.

Eichenspinner

oben Männchen, Mitte Weibchen
unten Raupe

Lasiocampa quercus

Merkmale: Spannweite der Weibchen 65–75 mm, die der Männchen 45–55 mm. Die Männchen sind braun mit heller Querbinde, die Weibchen ockergelb, mit einem feinen dunklen Querstreif über hellem Band. Beide tragen je einen kleinen, umrandeten weißen Fleck auf den Vorderflügeln.
Verbreitung/Lebensraum: In ganz Mitteleuropa verbreitet, jedoch nicht überall gleich häufig. In den Alpen wurden die Falter bis in 2000 m Höhe gesehen. Beliebte Aufenthaltsorte sind Hochmoore, Hecken, Waldränder und Heiden. Da ihr Nachwuchs nicht anpruchsvoll ist, kommen Eichenspinner in recht verschiedenen Lebensräumen vor.
Lebensweise/Flugzeit: Stets fliegt nur eine Generation von Mitte Juni bis Mitte August. In raschem Flug folgen die Männchen tagsüber kilometerweit der Duftspur, welche die ortsständigeren Weibchen verströmen. Diese verstreuen dann nachts ihre Eier frei im Gelände.
Raupe: Bis 65 mm lang, braun behaart, mit regelmäßigen schwarzen Einschnürungen; oberhalb der Stigmen (Atemöffnungen) eine weiße Linie. Futterpflanzen sind viele Bäume und Sträucher wie Eiche, Weide, Brombeere. Die Raupen überwintern mitunter zweimal. Verpuppung am Erdboden in einem festen Kokon, dessen haarige Wandung unangenehm in die Finger stechen kann.

Brombeerspinner

oben Falter, Mitte Raupe

Macrothylacia rubi

Merkmale: Spannweite 50–70 mm, wobei die Weibchen größer und dicker sind. Die Männchen haben kammartig gefiederte Fühler. Sie sind braun, die Weibchen grau; beide tragen auf den Vorderflügeln je zwei helle feine Querlinien. **Verbreitung/Lebensraum:** Überall in Mitteleuropa anzutreffen, doch meist nicht in großer Zahl. Die Falter bevorzugen Waldwiesen in Laubwäldern, Heidelandschaften und Brachen, nehmen jedoch keine Nahrung auf. **Lebensweise/Flugzeit:** Eine Generation fliegt von Mai bis Juli. Die Männchen bewegen sich tagsüber auf die Suche nach Partnerinnen. Die Weibchen sind weniger beweglich und nur nachts unterwegs, um ihre Eier an Grashalme zu kleben, wo man sie wegen ihrer Größe leicht findet. **Raupe:** Samtschwarz mit brauner und grauer Behaarung; etwa 65 mm lang. Bei Gefahr rollen sich die Raupen in typischer Weise ein (vgl. Foto). Ihre Futterpflanzen sind Heidekraut, Brombeere, Heidelbeere und andere niedrig wachsende Pflanzen. Die ausgewachsenen Raupen überwintern; Verpuppung im Frühjahr in braunen Kokons am Boden.

Kiefernspinner

unten

Dentrolimus pini

Merkmale: Flügelspannweite 50–60 mm, Weibchen bis 70 mm. Flügelfärbung ähnlich vielfältig schattiert wie die violettgraue Kiefernrinde, an die sie angepaßt ist. Drei gezackte Querlinien auf den Vorderflügeln, die erste davon mit einem eingelagerten weißen Fleck. **Verbreitung/Lebensraum:** In ganz Europa außer in Belgien verbreitet, in Norddeutschland bisweilen in Massen auftretend; dort in Kiefernmonokulturen, nicht hingegen in Mischwäldern als kahlfressender Schädling gefürchtet. **Lebensweise/Flugzeit:** Eine Generation im Jahr, von Anfang Juni bis Mitte August fliegend. Die Falter nehmen keine Nahrung auf. Die Eier werden im Hochsommer an Nadeln abgelegt. Die Raupen schlüpfen nach etwa drei Wochen. **Raupe:** Körper mit feinen grauen Haaren bedeckt. Die Raupen überwintern am Boden in einem lockeren Gespinst. Dazu seilen sie sich an Fäden zum Boden ab und klettern im Mai wieder stammaufwärts. Manchmal benötigen sie zu ihrer Entwicklung bis zum Puppenstadium mehrere Jahre. Verpuppung Ende Juni in Kokons zwischen Nadeln und Zweigen. Futterpflanzen sind Nadelbäume wie Kiefer, Tanne und Douglasie; hier Schäden durch Fraß der jungen Triebe.

Kupferglucke

gesch.

Gastropacha quercifolia

oben Falter, Mitte Raupe

Merkmale: Flügelspannweite der Männchen 60–70 mm, die der Weibchen 80–90 mm! Kupferbraune Färbung (Name!) mit Längsrippen, die durch arkadenförmige Linienzüge verbunden sind und in bogig gezahnte Flügelkanten münden. In Ruhestellung ragen die Hinterflügel oft hervor, was den Faltern ein »gluckenhaftes« Aussehen verleiht (Name!). Von welkem Laub sind sie kaum zu unterscheiden. **Verbreitung/Lebensraum:** Die Kupferglucken sind in ganz Mitteleuropa verbreitet und bevorzugen Parklandschaften, Hecken, Waldränder oder Gärten als Aufenthaltsort. **Lebensweise/Flugzeit:** Regelmäßig fliegt eine Generation von Mitte Juni bis Anfang August. Die Eier dieser Art sind auffällig grün-weiß geringelt; sie werden von den Weibchen ab Juli in Häufchen an die Unterseite der Blätter der Wirtspflanzen abgelegt. **Raupe:** Bis 80 mm lang, grau, mit schwärzlichen Fleckchen und feiner dunkler Behaarung. Auffällig sind lappenartige seitliche Fortsätze zu beiden Seiten und ein Zapfen am Hinterende. Futterpflanzen sind Schlehe, Weißdorn und Obstbäume. Die Raupen überwintern am Stamm dieser Bäume nahe am Boden. Dort findet man auch die dichten Kokons aus Seide und Haaren für die Puppe.

Kleine Pappelglucke

unten

Poecilocampa populi

Merkmale: Spannweite 30–44 mm, wobei die Weibchen stets größer sind als die Männchen. Die grauen, fast durchscheinenden Flügeldecken tragen helle Querlinien und Fleckchen. Der gedrungene Leib ist wollig behaart; der Hinterleib endet in einem Haarbüschel. **Verbreitung/Lebensraum:** In ganz Europa verbreitet, bevorzugen die Falter Obstbäume und Eichenwälder mit alten Beständen. Sie wurden in den Alpen bis in Höhen von 1200 m beobachtet, fehlen jedoch südlich davon in wärmeren Regionen. **Lebensweise/Flugzeit:** Eine Generation fliegt von Mitte Oktober bis Ende November. Die Eier werden von den Weibchen im Spätherbst und in den ersten Wintertagen an die Rinde der Wirtsbäume gelegt und entlassen die Jungraupen im Frühjahr. **Raupe:** Etwa 50 mm lang, bräunlich, grau behaart und dunkel gefleckt. Futterpflanzen sind vor allem Eiche, Pappel, Birke und einige Sträucher. Verpuppung in Kokons am Boden; die Falter schlüpfen im Herbst/Winter!

Wollafter

oben links Raupengespinst, rechts Falter

Eriogaster lanestris

Merkmale: Flügelspannweite 40–60 mm. Braune Flügeldecken mit feiner weißer Querlinie; die Vorderflügel mit je zwei weißen Flecken. **Verbreitung/Lebensraum:** Die Art ist in ganz Europa verbreitet. Gesuchte Lebensräume sind Anlagen, Alleen oder Schonungen. Im Gebirge erreichen die Falter etwa 1300 m Höhe. **Lebensweise/Flugzeit:** Es fliegt eine Generation pro Jahr von März bis Mitte April. Die Eier werden in Grüppchen an die Zweige von Nahrungspflanzen gelegt. **Raupen:** Bis 45 mm lang, schwarz, mit hellen Haaren und gelblichen Linienzeichnungen. Sie leben gesellig in einem Gespinst, welches sie zum Fressen verlassen. Futterpflanzen sind Weißdorn, Schlehe und verschiedene Laubbäume. Verpuppung in Kokons am Boden, die bisweilen mehrere Jahre überwintern (»überliegen«).

Ringelspinner

Mitte Falter

Malacosoma neustria

unten links Eiring, rechts Raupe

Merkmale: Flügelspannweite 30–40 mm. Die Weibchen sind größer als die Männchen. Es kommen viele Farbvarianten von hellbraun bis nahezu schwarz vor, wobei die innere Zeichnung jeweils dezent bleibt. **Verbreitung/Lebensraum:** Von Skandinavien bis über ganz Mitteleuropa verbreitet. Die Falter bevorzugen Obstplantagen, alte Gärten und Laubbaumbestände als Lebensraum. **Lebensweise/Flugzeit:** Von Juni bis August in einer Generation fliegend. Die weiblichen Falter reihen ihre Eier in typischer Weise in Ringen um die Zweige von Wirtsbäumen (Name!). **Raupe:** Recht bunt durch orange und blaue Streifungen und dunkle Punktlinien; bis 45 mm lang. Die Raupen leben zunächst gesellig in und auf einem dichten Gespinst, später vereinzeln sie sich zur Verpuppung. Ihre Futterpflanzen sind Schlehe, Weißdorn, Weide und andere Laubbäume, aber auch Obstbäume wie Apfel u. a. Verpuppung am Boden in weißen, gelb bestäubten Seidenkokons.

Kiefern-Prozessionsspinner

oben links Falter

Thaumetopoea pinivora

oben rechts Raupennest, unten Raupen

Merkmale: Spannweite 28–34 mm. Graubraun mit dunklen Linienzeichnungen und hell geäderten Säumen. Leib haarig.
Verbreitung/Lebensraum: In Mitteleuropa regional unterschiedlich verbreitet, im Mittelmeerraum und nach Osten hin häufiger. In manchen Jahren kommt es in reinen Kiefernwäldern zu massenhaftem Auftreten.
Lebensweise/Flugzeit: Eine Generation pro Jahr fliegt in den Monaten Juli und August. Die Falter ruhen bei Tage und sind nachts aktiv. Die Weibchen heften ihre Eier als kolbenförmigen Ballen an Kiefernnadeln und bedecken sie mit Körperschuppen. So überwintert das Gelege.
Raupe: Länge 27 mm, fein weißlich und rotbraun behaart. Ihre Berührung ruft schmerzhaften Juckreiz hervor. Die Raupen leben gesellig im Schutze eines Seidengespinstes (Foto oben rechts). Von dort aus unternehmen sie bei Nacht Wanderungen, für die ein Tier sich jeweils an das Hinterende eines anderen heftet, so daß eine »Prozession« entsteht (Name!). Bei ringförmiger Zusammenführung einer solchen Reihe laufen die Raupen bis zur Erschöpfung, ohne jemals auszubrechen. Futterpflanzen sind Kiefern. Verpuppung unter der Erde in Kokons, worin die Puppen manchmal Jahre »überliegen«.

Eichen-Sichelspinner

oben

Drepana binaria

Merkmale: Die Spannweite der Weibchen beträgt 25–28 mm, die der Männchen 18–22 mm. Die sichelförmig ausgezogenen Vorderflügel (Name!) sind orangebraun und fein hell liniert, die Hinterflügel gleichartig, aber heller gefärbt. Der tagsüber ruhende Falter ähnelt somit einem welken Blatt. **Verbreitung/Lebensraum:** Die Art tritt lokal konzentriert auf, vor allem im südlicheren Europa. Die Falter suchen gezielt Laubwälder mit Eichenbestand und Eichenschonungen auf, die ihre Lebensgrundlage bilden. **Lebensweise/Flugzeit:** Meist fliegt eine Generation von Mai bis Mitte Juni, manchmal auch eine unvollständige zweite von Mitte Juli bis August. Die nachtaktiven Falter nehmen keine Nahrung mehr auf. Sie paaren sich in der Dunkelheit, wobei die Männchen die Weibchen mittels ihrer Fühlerorgane am Geruch aufspüren. Die gelblichen Eier werden in kleinen Grüppchen an die Blattrippen der Nahrungspflanzen gelegt, wo sie sich nach und nach rot verfärben. **Raupe:** Etwa 24 mm lang, mit spitzem Hinterende, welches aus dem letzten Beinpaar gebildet wird. Auf dem Rücken oft eine gelbliche, rautenförmige Zeichnung und eine Doppelwarze auf dem dritten Segment. Ihre Körperhaltung ist seepferdchenähnlich durchgebogen. Futterpflanzen sind Eiche und andere Laubbäume. Die Puppen überwintern in Kokons zwischen zusammengesponnenen Blättern.

Weißer Sichelspinner

unten

Drepana falcataria

Merkmale: Ein kleiner, heller Falter mit sichelförmig ausgezogenen Flügelspitzen. Spannweite bis 35 mm. Die Grundfärbung schwankt zwischen weißlich, gräulich und hellbräunlich. Darauf sind feine wellige Querlinien, je ein verwaschener dunkler Kreisfleck und ein dunkleres Querband zu sehen. Meist sind die größeren Weibchen heller. Die Fühler der Männchen sind gefiedert. Es gibt bei uns mehrere ähnliche Arten. Nicht zu verwechseln mit dem Silberspinner *(Cilix glaucata)*. Auch mit Spannern können sie verwechselt werden. **Verbreitung/Lebensraum:** Die Art ist in Mitteleuropa weit verbreitet und häufig in lichten Wäldern und Gebüschen anzutreffen. **Lebensweise/Flugzeit:** Die Falter besitzen verkümmerte Mundwerkzeuge und nehmen keinerlei Nahrung auf. Sie sind nur nachts unterwegs und ruhen tagsüber mit ausgebreiteten Flügeln unter Blättern. Sie fliegen in zwei Generationen im Früh- und Spätsommer. **Raupen:** Wie alle Sichelspinner-Raupen ist das letzte Bauchbeinpaar zu kleinen Spitzen umgewandelt. Nahrungspflanzen sind vor allem Birken und Erlen. Die Raupen verpuppen sich zwischen zusammengesponnenen Blättern.

Hausmutter

oben Falter, unten Raupe

Noctua pronuba

Merkmale: Flügelspannweite 50–60 mm. Vorderflügel feingemustert ockergelb bis braun; Hinterflügel hellocker mit dunkler Randzone vor hellem Saum. Auf den Vorderflügeln meist ein nierenförmiger und ein rundlicher dunkler Fleck mit hellem Rand. Der Leib ist dezent quergeringelt.

Verbreitung/Lebensraum: Überall in Europa verbreitet. In den Alpen sieht man die Falter bis in Höhen von 3000 m. Landwirtschaftliche Flächen werden ebensogerne aufgesucht wie Gärten und Anlagen.

Lebensweise/Flugzeit: Stets fliegt nur eine Generation von Mai bis Oktober. Die Falter legen aber im Sommer eine Ruhephase ein, wodurch der Eindruck von zwei Generationen entstehen kann. Am Tage ruhen die Falter an Pflanzenstengeln oder in Gebäuden (Name!), um abends aktiv zu werden und nachts an Blüten zu saugen. Die Weibchen legen außerordentlich viele Eier, die sie auf Gräserspitzen und Blättern dicht an dicht anordnen.

Raupe: 50 mm lang, haarlos, grün bis braun, mit zwei dunkelbraunen Rückenlinien. Sie fressen bis in den Winter hinein an ihren Futterpflanzen, wie Ampfer, Löwenzahn, Kohl und vielen anderen krautigen Pflanzen und Gräsern. Die Raupen überwintern und verpuppen sich ab April in kleinen Erdhöhlen.

Kohleule

oben Falter, unten links Raupe

Mamestra brassicae

Merkmale: Flügelspannweite 40–45 mm. Braune Vorderflügel mit feiner heller Ringelzeichnung (»Makel«) und einer zarten weißen Wellenlinie. Hinterflügel einfarbig hell mit noch hellerem Saum. **Verbreitung/Lebensraum:** Die Art ist in ganz Europa verbreitet; in den Alpen sieht man sie bis in Höhen um 2000 m. Bevorzugt werden Gemüseanbauflächen oder Regionen mit entsprechendem Wildpflanzenbestand. **Lebensweise/Flugzeit:** In wärmeren Regionen kommen zwei Generationen vor, sonst nur eine. Die Flugzeiten sind Mai bis Juli bzw. Juli bis September. Die Eier werden in Gruppen an die Unterseite von Wirtspflanzen geheftet. **Raupe:** Die Jungraupen sind grüngelb geringelt. Man findet sie oft am Grunde frisch erworbener Kohlköpfe. Die älteren Tiere variieren in der Färbung zwischen grauen und braunen Tönen. Sie tragen helle, manchmal orange Stigmalinien und eine schwarze, keilförmige Zeichnung auf dem elften Segment. Die Länge der nachtaktiven Tiere mißt bis 45 mm. Ihre Futterpflanzen sind neben Kohl verschiedene andere Kreuzblütler. Verpuppung unter der Erde in lockeren Gespinsten ab Oktober.

Saateule

unten rechts

Scotia segetum

Merkmale: Spannweite 35–40 mm. Die Färbung der Vorderflügel variiert in Brauntönen und Zeichnung; die Weibchen sind die dunkleren Tiere. Die Oberseiten zeigen mehrere nierenförmige, bzw. runde oder längliche Marken im Schuppenkleid (»Makel«). Die Hinterflügel sind weiß. **Verbreitung/Lebensraum:** Überall in Europas landwirtschaftlichen Kulturen und Forsten häufig, bisweilen sogar massenhaft auftretend. In den Alpen bis 2000 m Höhe. **Lebensweise/Flugzeit:** Zwei Generationen im Jahr, die von Mitte Mai bis Ende Juli bzw. von Mitte August bis Ende November fliegen. In trockenen Jahren gibt es manchmal so viele Tiere, daß an Forsten und Pflanzungen Schaden entsteht. Die Weibchen kleben je einige hundert Eier in kleinen Gelegen an Stengel oder in das Laub unter einer Nahrungspflanze. **Raupe:** Etwa 45 mm lang, glänzend, mit wenigen Haaren auf kleinen Flecken. Die Färbung variiert von Graublau bis Graugrün mit allen möglichen Schattierungen. Ihre Futterpflanzen sind Blätter und Wurzeln von Ampfer, Ackersenf, Möhre, Getreide sowie einjährige Lärchen, Kiefern und andere Forstbäume. Sie überwintern und verpuppen sich im Folgejahr.

Gammaeule

oben

Autographa gamma

Merkmale: Flügelspannweite 35–42 mm. Vorderflügel braun bis grau mit fein ziselierter Zeichnung wie ein Stück Pappelrinde. In der Flügelmitte fällt auf dunklerem Untergrund eine silberhelle Marke auf, die wie der griechische Buchstabe Gamma geformt ist (Name!). Der Vorderleib trägt drei aufgerichtete Haarschöpfe. **Verbreitung/Lebensraum:** In ganz Europa anzutreffen; nirgends selten. Die Falter bevorzugen Gärten, Auen, Kleewiesen und Luzernefelder als Aufenthaltsgebiet. **Lebensweise/Flugzeit:** Gammaeulen sind Wanderfalter, die aus dem Süden über die Alpen nach Norden einwandern. Die erste Generation fliegt im April ein und ist bis Juli auch am Tage zu sehen. Die Nachfolgegeneration fliegt ab Ende Juli und tritt im September den Rückflug über die Alpen an, wobei gelegentlich Schwärme dieser Falter nachts im Licht von Almhütten herumschwirren. Die Weibchen legen ihre runden, gerippten Eier einzeln auf Blätter der Wirtspflanzen ab. **Raupe:** Grün mit weißen Längslinien; bis 25 mm lang. Am Kopf finden sich meist zwei schwarze Streifen. Futterpflanzen sind Klee, Salat, Erbse und andere Pflanzen. Die Puppen mit ihrer auffälligen Rüsselscheide findet man zwischen zusammengesponnenen Blättern in luftigen Kokons.

Achateule

unten

Phlogophora meticulosa

Merkmale: Spannweite 45–55 mm. Die Vorderflügel werden in Ruhe wellig gefaltet, wobei die Säume bogig geschnitten erscheinen. Grundfarbe gelbgrau, mit winkelförmigen braunen Bändern, in die hell geringte Fleckchen (Makel) eingelagert sind. Der Saum ist hellbraun, an den Flügelenden je ein kleiner schwarzer Fleck. Die fein linierten Hinterflügel sind heller. **Verbreitung/Lebensraum:** Durch Einwanderungen aus dem Süden über ganz Europa verbreitet, jedoch nicht immer in gleicher Zahl. Ihr Lebensraum sind feuchte Regionen wie Auen, Feuchtwiesen, Moore, Gebirgstäler, Wälder oder bewässerte Gärten. **Lebensweise/Flugzeit:** Die Wanderfalter überwinden im April die Alpen und fliegen in dieser Generation bis Juli. Die rotgefleckten Eier werden an krautigen Pflanzen abgelegt. **Raupe:** Dick, grün oder braun, mit unterbrochener, weißer Rückenlinie. Sie ist vorwiegend nachts aktiv und bevorzugt Futterpflanzen wie Ampfer, Vogelmiere, Brennessel, akzeptiert aber auch viele andere Pflanzen. Verpuppung unter der Erde. Die früh geschlüpfte Nachkommengeneration schafft die Reise in den Süden, die Nachzügler gehen in der Winterkälte zugrunde.

Messingeule

oben Falter, unten Raupe

Diachrysia chrysitis

Merkmale: Spannweite 30–40 mm. Braune Vorderflügel mit glänzenden, messingfarbenen Binden, deren metallischer Glanz durch veränderte Lichtbrechung an diesen Stellen entsteht. Am Vorderleib steht ein Haarbüschel ab.
Verbreitung/Lebensraum: Überall in Europa zu finden. Die regionale Häufigkeit schwankt. Beliebt sind Auwälder, Flußufer, Brachland, Gärten und Anlagen.
Lebensweise/Flugzeit: Regelmäßig fliegt eine Generation, manchmal treten auch zwei auf, von Mai bis Juli bzw. von Ende Juli bis Ende September. Meist sind die Falter nachts unterwegs; nur selten trifft man sie, an Blüten saugend, auch bei Tage an. An den Blattunterseiten der Wirtspflanzen finden sich die runden, zweireihig gerippten Eier.
Raupe: Grün mit weißen Zeichnungen, etwa 35 mm lang, Stigmen (Atemöffnungen) dunkel gefaßt. Die Raupen haben – wie auch andere verwandte Arten – lediglich zwei Bauchbeinpaare. Futterpflanzen sind Brennessel, Taubnessel und ähnliche Gewächse. Die Raupen der zweiten Generation überwintern am Boden in zusammengefalteten Blättern. Verpuppung an Blättern in bräunlichen Kokons.

Purpurglanzeule

oben

Euplexia lucipara

Merkmale: Flügelspannweite 28–32 mm. Glänzend purpurrote Vorderflügel mit meist ziemlich dunklem Mittelfeld. Helle, nierenförmige, umringte Flecken (Nierenmakel) treten an dessen Rand deutlich hervor, während die kleineren runden Makel kaum sichtbar sind. Die Hinterflügel sind heller gefärbt. **Verbreitung/Lebensraum:** Die Falter beobachtet man regelmäßig in ganz Europa; auch im Gebirge bis 1500 m Höhe kommen sie vor. Sie passen sich an sehr unterschiedliche Bedingungen an, und so sieht man sie in Wäldern, Auen, Gärten und Anlagen. **Lebensweise/Flugzeit:** Meist fliegt nur eine Generation von Ende Mai bis Ende Juni. Manchmal entwickelt sich bis August eine zweite flugfähige Generation. Die Eier werden im Juli an verschiedenen Pflanzen abgelegt. **Raupe:** Nachtaktiv, tagsüber am Boden verborgen lebend. Länge etwa 35 mm, grün oder bräunlich, mit V-förmigen Zeichnungen am Rücken. Eine weiße Linie begleitet die Stigmen (Atemöffnungen). Futterpflanzen sind unter anderem Wegerich, Adlerfarn, Weidenröschen und verschiedene Laubbäume. Verpuppung und Überwintern in der Erde in kleinen Kokons.

Brauner Mönch

gesch.

Cucullia verbasci

unten links Falter, rechts Raupe

Merkmale: Flügelspannweite 44–50 mm. Grundfarbe hellbraun, die an den Rändern dunkler wird. In Körpernähe fallen zwei C-förmige, weiße Zeichen ins Auge. Die Flügelsäume sind grau, und wellig gerändert. Der Rücken ist kapuzenartig behaart (Name!). **Verbreitung/Lebensraum:** In Mitteleuropa überall anzutreffen, auch im Gebirge bis etwa 1600 m Höhe. Die Falter suchen gerne trockene, warme Gebiete wie felsige Hänge, Weinberge oder Steinbrüche auf. **Lebensweise/Flugzeit:** Jährlich fliegt eine Generation von Mitte April bis Mitte Juni. Die Eier werden im Mai unter die Blätter der Nahrungspflanzen abgelegt. **Raupe:** Bis 50 mm lang, grünweiß, mit gelber Querbänderung und schwarzen Fleckenmustern. Sie fressen auch tagsüber an ihren Futterpflanzen, der Königskerze und der Braunwurz. Verpuppung in großen Kokons unter der Erde, wo die Puppen manchmal viele Jahre »überliegen«, bis die Falter schlüpfen.

Rotes Ordensband

gesch.

Catocala nupta

oben Falter, unten Raupe

Merkmale: Flügelspannweite 65–75 mm. Die Vorderflügel sind unruhig graugelb gemustert, wodurch sie Baumrinde ähneln. Die Hinterflügel leuchten in rot-schwarzer Doppelbänderung; die gewellten Flügelsäume bilden jeweils eine schmale, weiße Kante. Ähnliche Arten sind u. a. das Weidenkarmin *(C. electa)* oder auch das Große Eichenkarmin *(Astiodes sponsa)*, die sich vorwiegend in gewissen Details der Flügelzeichnung unterscheiden.
Verbreitung/Lebensraum: Das Rote Ordensband ist in den milderen Regionen Mitteleuropas noch weit verbreitet, wenn auch die Bestände teilweise zurückgehen. In den Alpen findet man es je nach Sonneneinstrahlung bis 1000 m, wobei es an wärmeren Hängen auch höher aufsteigt. Insgesamt werden feucht-warme Gebiete als Lebensraum bevorzugt, während trockene Areale unbeliebt sind. Entsprechend dieser Lebensgewohnheiten findet man die Falter in Auen, an Ufern von Gewässern oder an Rändern von Wasserstellen in Gärten und Anlagen; insbesondere dort, wo Weiden oder Pappeln stehen.
Lebensweise/Flugzeit: Regelmäßig fliegt eine Generation pro Jahr von Mitte Juli bis Anfang Oktober. Nachts suchen die Falter den Saft von gärendem Obst oder Bäumen und kommen auch zum Licht. Tagsüber ruhen sie gut getarnt an Baumstämmen. Werden sie dort gestört, so präsentieren sie blitzartig ihre leuchtenden Hinterflügel, was Vögel so verblüfft, daß der Falter eine Fluchtchance erhält, die er unverzüglich nutzt. Die Weibchen legen ihre Eier in feine Spalten von Weiden- oder Pappelrinde ab, wo diese den Winter überdauern.
Raupe: Bis 70 mm lang; durch die schlanke Form und die indifferente Färbung kaum von einem Pappelästchen zu unterscheiden (im Foto auf dem Zweig rechts in der Mitte). Ihre Futterpflanzen sind Weiden und Pappeln, gelegentlich auch Pflaume. Tagsüber tarnen sich die Raupen im Geäst ihrer Wirtsbäume und fressen nur nachts. Verpuppung in einem festen Kokon zwischen Blättern oder unter Rindenschollen.

Blaues Ordensband

RL 3, gesch.

Catocala fraxini

oben Falter, unten Raupe

Merkmale: Flügelspannweite 75–95 mm. Vorderflügel grau, mit unregelmäßig gezackten, doppelten Linien. Hinterflügel dunkelbraun, mit je einem lichtblauen, gebogenen Band (Name!) und weißen, fransigen Säumen. Die Unterseite ist schwarz-weiß gestreift.

Verbreitung/Lebensraum: Über ganz Mitteleuropa und Rußland bis nach Japan anzutreffen. In den Alpen bleibt er im Bereich der Bewaldung. Früher nicht selten, gehört dieser Eulenfalter heute jedoch hierzulande zu den gefährdeten Arten. Seine Aufenthaltsräume sind vor allem Auwälder, Seeufer und Bachränder sowie Anlagen, Alleen und Gärten mit geeignetem Bewuchs.

Lebensweise/Flugzeit: Eine Generation fliegt von Ende Juli bis Oktober ausschließlich nachts. Die Falter werden von süßen oder gärenden Säften und von Lampen angelockt, halten dabei allerdings Abstand von den Lichtquellen. Die braunen, gelbgeringelten Eier werden in Ritzen von Baumrinde abgelegt, wo sie überwintern.

Raupe: Grau, mit dezenten hellen Ringen und damit in Spalten von Baumrinde hervorragend getarnt, wo sie sich tagsüber versteckt hält. Nachts ist die Raupe aktiv und frißt an Blättern ihrer Futterpflanzen wie Pappel, Weide und anderen Laubbäumen. Die blaubraune Puppe liegt in einem lokeren Kokon zwischen Laub.

Grünes Blatt

oben Falter, unten Raupe

Geometra papilionaria

Merkmale: Spannweite 40–50 mm. Die Falter sind durchgehend zartgrün. Zwei unterbrochene weiße Linien ziehen sich bogenförmig über jeden Flügel hin. Diese an Blätter erinnernde Tarntracht bezeichnet man als Mimese.
Verbreitung/Lebensraum: In ganz Europa nirgends häufig, aber doch regelmäßig findet man die Schmetterlinge über Mooren und Heiden, in Laubwäldern, Anlagen und in Gärten, wenn man sie auf ihren nächtlichen Flügen mit Licht anlockt.
Lebensweise/Flugzeit: Eine Generation fliegt von Juni bis Mitte August. Die Falter leben etwa zwei Wochen; in dieser Zeit legen die Weibchen ihre bräunlichen, eingedellten Eier in Gruppen auf die Unterseite von Blättern der Nahrungspflanzen ab, wo sie später rötlich verfärben.
Raupe: Knapp 30 mm lang; zunächst braun und durch Gestalt und Färbung hervorragend getarnt (s. Foto); nach dem Überwintern an Zweigen später grün, mit rötlichen Wärzchen und braunen Höckern. Futterpflanzen sind Birke, Erle, Rotbuche und einige Sträucher. Verpuppung zwischen Laub oder an Baumstämmen in lockeren Kokons.

Schlehenspanner, Pflaumenspanner

Angerona prunaria

oben Weibchen, Mitte Männchen, unten Raupe

Merkmale: Spannweite 50–60 mm. Die Männchen sind kleiner als die Weibchen und dunkler als diese. Die Grundfarbe der Flügel ist gelb bis ocker, wobei es auch bräunliche Varianten gibt. Wie von einem tanzenden Zirkel gezogen verteilen sich darauf ringförmig unzählige dunkle Fleckchen und Strichlein.

Verbreitung/Lebensraum: In den gemäßigten Zonen Mitteleuropas überall verbreitet. Der hauptsächliche Lebensraum dieser Spanner sind Wälder, aber auch Parkanlagen und Obstanbaugebiete.

Lebensweise/Flugzeit: Ab dem späten Nachmittag, insbesondere im Schatten der Wälder sieht man die Falter einer Generation von Ende Mai bis Anfang August fliegen. Eiablage im Juli an Blättern der Nahrungspflanzen.

Raupe: Etwa 50 mm lang, in bräunlichen Farben, mit kleinen schwarzen Einsprengseln. Am neunten Segment zwei spitze Rückenfortsätze. Gleicht in Ruhestellung einem trockenen Seitendorn und ist dadurch hervorragend getarnt (s. Foto). Futterpflanzen sind Schlehe, Pflaume, Ginster sowie verschiedene Laubbäume und Sträucher. Die Raupen können ebenso überwintern wie die Puppen, die zwischen versponnenen Blättern ruhen.

Stachelbeerspanner

RL 4; oben Falter

Abraxas grossulariata

Mitte Raupe, unten Puppe

Merkmale: Spannweite 38–44 mm. Flügeloberseite weiß, mit auffälliger schwarzer Fleckung und darin eingelagerten gelben oder orangen Bändern in vielen Varianten. Hinterflügel ebenfalls weiß, mit wenigen Reihen schwarzer Tupfen.

Verbreitung/Lebensraum: Noch überall in Europa anzutreffen, jedoch rarer werdend, so daß der Stachelbeerspanner inzwischen als potentiell gefährdete Art in die Rote Liste aufgenommen wurde. Fluggebiet sind vor allem Gärten, in denen Beeren reifen. Dort findet man die Falter auch am Tage, ebenso wie an Bachrändern oder in Auen.

Lebensweise/Flugzeit: Eine Generation pro Jahr fliegt von Mitte Juni bis Anfang September. Die scheibenförmigen, weißlichen Eier werden an die Unterseite von Blättern der Nahrungspflanzen abgelegt.

Raupe: Ebenso wie der Falter gefärbt: Weiß mit schwarzen Fleckchen und gelborangen Streifen. Länge etwa 30 mm. Bei manchen Exemplaren ist vor lauter schwarzer Flecken kaum noch Weiß zu sehen. Futterpflanzen sind Stachel- und Johannisbeere, Schlehe, Weißdorn, Rote Fetthenne, Pfaffenhütchen und andere Pflanzen wie z. B. Heidekraut. Die Jungraupen überwintern.

Die schwarze, gelb geringelte Puppe ruht zwischen Seidenfäden, die in den Gabeln von bodennahen Zweigen oder zwischen Blättern aufgespannt wurden.

Rosenspanner

oben

Cidaria fulvata

Merkmale: Flügelspannweite 20–25 mm. Vorderflügel hellgrau, mit einem breiten, dunkelgrauen, welligen Querband. **Verbreitung/Lebensraum:** In den gemäßigten Zonen ganz Mitteleuropas verbreitet. Bevorzugter Lebensraum sind Buschland, Heide, Waldränder, sowie Hecken in Gärten und Anlagen. **Lebensweise/Flugzeit:** Eine Generation im Jahr fliegt von Juli bis August in der Dämmerung. Die Eier werden im August an den Futterpflanzen abgelegt, wo sie überwintern. **Raupe:** Etwa 19 mm lang, grün mit gelben Querbändern, ein dunkelgrünes Rückenband, das beidseits von einer weißlichen Linie begleitet wird. Futterpflanzen sind Heckenrose und andere Rosen (Name!). Verpuppung in zusammengefalteten Blättern.

Holunderspanner

unten

Ourapteryx sambucaria

Merkmale: Spannweite 45–55 mm. Die Flügel sind einheitlich gelbweiß, mit zwei feinen, braunen Querlinien; die Hinterflügel enden in schwänzchenförmigen Fortsätzen, weswegen man die Falter auch Nachtschwalbenschwanz nennt. Den Grund der Zipfel flankieren zwei dunkle Punkte. **Verbreitung/ Lebensraum:** Häufig in ganz Europa, besonders in den klimatisch milden Regionen. Man trifft auf sie in Gärten und Anlagen ebenso wie in Auen und Hainen. **Lebensweise/Flugzeit:** Eine Generation im Jahr fliegt in der Dämmerung und nachts zwischen Mitte Juni und Ende Juli. Die Eier legt das Weibchen gruppenweise auf die Unterseiten von Nahrungsblättern. **Raupe:** Bis 50 mm lang, in grünlichen Tönen variabel gefärbt, mit braunem Kopf; ahmt in Ruhe täuschend echt ein abstehendes Zweiglein nach. Die Raupen fressen vom Sommer an, überwintern unter Baumrinde und fressen ab dem Frühjahr weiter an ihren Futterpflanzen wie Weißdorn, Schlehe, Holunder oder Efeu. Verpuppung in Kokons aus Blattfragmenten und Seidenfäden, die hängend an Ästen baumeln.

Großer Frostspanner

oben Männchen, Mitte Weibchen
unten Raupe

Erannis defoliaria

Merkmale: Flügelspannweite 30–40 mm. Flügelfarbe hellgraubraun, braun gesprenkelt, mit zwei breiten dunklen Querbändern. Die Weibchen sind flügellos; ihr Körper ist gelbgrau mit schwarzen Flecken.
Verbreitung/Lebensraum: In Waldregionen ganz Europas verbreitet, vor allem in Laubwäldern oder Mischwäldern; auch in Parkanlagen, Hainen und Obstplantagen.
Lebensweise/Flugzeit: Erst spät im Jahr, zwischen Ende September und Anfang Januar, fliegt die eine jährliche Generation. Die Weibchen locken die Männchen durch Duftstoffe an und klettern zur Paarung an Bäumen empor. Ihre Eier legen sie im Winter an den Wirtsbäumen ab. Will man Obstbäume vor Kahlfraß durch die Raupen schützen, so sind Leimringe nützlich, an denen die Weibchen hängenbleiben, wenn sie den Stamm emporklettern.
Raupe: Etwa 32 mm lang, braun, mit einer schwarzen Linie oberhalb der Stigmen (Atemöffnungen). Futterpflanzen sind Rotbuche, Birke, Weißdorn, Obstbäume und viele Sträucher. Werden die Raupen gestört, so lassen sie sich an einem Seidenfaden zu Boden gleiten. Verpuppung ebenfalls am Erdboden.

Birkenspanner

oben helle Form, Mitte dunkle Form
unten Raupe

Biston betularia

Merkmale: Flügelspannweite 40–55 mm. Grundfarbe ursprünglich weißgrau, durchsetzt mit dunklen unregelmäßigen Einlagerungen, ähnlich wie Birkenrinde. In Anpassung an Baumstämme, die sich durch Rußteilchen verdunkelten, setzte sich in Industrieregionen eine schwärzliche Variante durch, deren Färbung unter den veränderten Bedingungen eine bessere Tarnung erlaubte. In Reinluftgebieten hingegen überwiegt die helle Form.
Verbreitung/Lebensraum: In ganz Europa weit verbreitet. Die oben geschilderten Anpassungen wurden zuerst 1848 in Manchester/England beobachtet, finden sich seit langem aber auch an anderen Industriestandorten. Der Lebensraum dieser Art sind Birkenhaine, Laubmischwälder und Parkanlagen oder Friedhöfe.
Lebensweise/Flugzeit: Die nachtaktiven Falter fliegen von Mitte Mai bis Ende Juli. Die Männchen tragen gefiederte Fühler, mit deren Sinnesorganen sie der Duftspur der Weibchen folgen. Nach nächtlicher Paarung folgt bald die Eiablage in perlschnurartigen Gelegen an der Unterseite der Nahrungspflanzenblätter.
Raupe: Bis 60 mm lang, grünbraun oder lilagrau getönt, Kopf braun, gekerbt; sie ist nachtaktiv. Bei Störung erstarren die Tiere in gestreckter Haltung an Zweigen, so daß sie wie ein Ästchen aussehen. Oder sie lassen sich zu Boden fallen, wo sie kaum mehr aufzufinden sind. Futterpflanzen sind Birke, Eiche, Rotbuche und andere Laubbäume und Sträucher. Verpuppung am Fuß der Bäume.

Brennesselzünsler

oben

Eurrhypara hortulata

Merkmale: Spannweite 30–34 mm. Flügelfarbe weiß, mit dunkelgrauen Flecken in mehreren Reihen und bräunlichen Vorderflügelspitzen; manchmal dunkel gerandet. Der Vorderleib ist leuchtend gelb. **Verbreitung/Lebensraum:** Weit verbreitet in ganz Europa bis nach Ostasien. Bevorzugter Aufenthaltsort sind Waldränder, Gärten und Parks. **Lebensweise/Flugzeit:** Es fliegt nur eine Generation im Jahr von Juni bis Juli. Die Falter verbergen sich tagsüber zwischen Pflanzen und fliegen ab der Dämmerung. Nachts werden sie von Lichtquellen angelockt. **Raupe:** Sie lebt zwischen den zusammengesponnenen Blättern der Wirtspflanze, wo sie auch überwintert. Futterpflanzen sind Brennessel, Minze und andere.

Mit etwa 15 000 Arten gehören die Zünsler zu den artenreichsten Schmetterlingsfamilien; bei uns gibt es etwa 300 Vertreter. Viele Arten sind Landwirtschafts- und Vorratsschädlinge, so die Dörrobstmotte *(Plodia interpunctella)*, der Maiszünsler *(Ostrinia nubilalis)*, die Mehlmotte *(Ephestia kuehniella)* und die verschiedenen Wachsmotten. Als Nützling hat sich die Kaktusmotte *(Cactoblastis cactorum)* erwiesen, die zur biologischen Bekämpfung der Opuntienplage aus Südamerika nach Australien eingeführt wurde.

Federmotten Pterophoridae

Federmotte

unten

Pterophorus pentadactylus

Merkmale: Spannweite 30 mm. Bei diesem merkwürdigen Kleinschmetterling sind die Vorderflügel in zwei, die Hinterflügel in drei befranste Streifen gespalten. Die Falter sind glänzend weiß, mit verstreuten schwarzen Schuppen. **Verbreitung/Lebensraum:** Man trifft die weit verbreitete und nicht seltene Art in offenem Grasland, in Gebüschen und Gärten. **Lebensweise/Flugzeit:** Die Falter sitzen tagsüber ziemlich offen an den Blüten- und Fruchtständen von Gräsern, sind aber gar nicht leicht zu entdecken. Das liegt daran, daß sie die eingerollten Flügel seitlich abspreizen und die langen Hinterbeine nach oben strecken, so daß eine T-förmige Gestalt entsteht, durch die der Falter kaum noch insektenhaft wirkt (Körperauflösung = Somatolyse). Sie fliegen in der Dämmerung und werden wie die meisten nachtfliegenden Arten vom Licht angezogen. **Raupe:** Die Raupen leben an Windengewächsen. Sie überwintern und verpuppen sich im folgenden Jahr unter einem Blatt der Nahrungspflanze.

Register